以 钝 感 之 翼　护 养 育 之 旅

养育宝典

做有钝感力的妈妈

木　紫◎著

轻松培养具有强悍
“生存能力”的孩子

航 空 工 业 出 版 社
北 京

内容提要

本书将钝感力衍生的心理学知识，延伸到家庭教育领域，强化温和教养，消除家长尤其是妈妈们在养育孩子的过程中产生的各种焦虑。全书循序渐进地讲述了为什么有钝感力的妈妈，会让养育更成功。案例与指导方法结合，文字优美，娓娓道来。希望本书可以帮助妈妈们调整自身的情绪，走出家长焦虑而迷茫的养育困境，建立起良性的亲子关系。

图书在版编目（CIP）数据

做有钝感力的妈妈 / 木紫著 . -- 北京：航空工业出版社，2024. 12. -- ISBN 978-7-5165-3889-0

Ⅰ . G78

中国国家版本馆 CIP 数据核字第 202450W6S9 号

做有钝感力的妈妈

Zuo You Dunganli de Mama

航空工业出版社出版发行

（北京市朝阳区京顺路 5 号曙光大厦 C 座四层　100028）

发行部电话：010-85672688　010-85672689　读者服务热线：010-85672635

唐山楠萍印务有限公司印刷　全国各地新华书店经售

2024 年 12 月第 1 版　2024 年 12 月第 1 次印刷

开本：787 × 1092　1/16　字数：100 千字

印张：11　定价：58.00 元

foreword

前　言

在养育的漫漫长路上，每一位母亲都是一本厚重的书，承载着无尽的爱与希望。每一位母亲都渴望成为孩子最坚实的后盾，用无尽的温柔与智慧，引领他们茁壮成长。然而，在爱的旅途中，我们时常会遇到挑战与压力，这时，“钝感力”便成为我们手中一把不可或缺的钥匙。

“钝感力”，这一源自日本文学大师渡边淳一笔下的词汇，并非指对外界刺激的迟钝反应，而是一种深刻的生活智慧和处世哲学。它教会我们在面对生活琐碎与纷扰时，能够保持一颗平和而坚韧的心，不轻易被外界的负面情绪所影响，从而以更加从容和淡定的态度去迎接每一个挑战。

在养育过程中，钝感力显得尤为重要。孩子的成长之路充满了变数，从蹒跚学步到青春叛逆，每一个阶段都伴随着不同的挑战与考验。作为母亲，我们往往是最先感受到这些压力与焦虑的人。然而，拥有钝感力的妈妈，能够以一种更加宽广的胸怀和深远的眼光来看待这些问题，她们既不会轻易被孩子的情绪波动所左右，也不会因为一时的挫败而失去信心。

相反，她们会以一种更加理性和冷静的态度，去分析问题的根源，寻找解决之道。她们懂得如何给予孩子适当的自由与空间，让他们在自己的世界里自由探索、勇敢尝试；同时，也会在孩子需要的时候，及时伸出援手，给予他们温暖与支持。这种恰到好处的平衡与把握，正是钝感力在育儿过程中的独特魅力所在。

更重要的是，拥有钝感力的妈妈能够以身作则，成为孩子学习的榜样。她们教会孩子如何在面对挫折时保持乐观与坚韧，如何在逆境中寻找成长的机会与力量。她们用自己的行动诠释着“钝感力”的真谛——不是逃避困难，而是勇敢地面对；不是忽视问题，而是积极解决；不是沉溺于悲伤，而是学会在痛苦中成长。

因此，让我们以钝感之翼，护养育之旅。在这个过程中，我们将学会用更加宽广的胸怀去包容孩子的不足与错误，用更加深远的眼光去预见孩子的未来与潜力，用更加坚定的信念去支持孩子的梦想与追求。愿每一位母亲都能成为孩子心中那抹最温暖的阳光，照亮他们前行的道路，陪伴他们茁壮成长！

content

目　录

第三章 “得意忘形”与“得寸进尺”

第四章 妈妈心胸宽广，孩子勇往直前

第五章 和乐的亲子关系

第六章 钝感于孩子不争气的表现

第七章 为了更好地生存

第一章

好妈妈集钝感力之大成

简单来说，钝感力是一种能够从容面对生活中的挫折和困难，不轻易受到外界干扰的能力。在家庭教育中，钝感力可以帮助父母更好地应对孩子成长过程中的各种问题和挑战，以更加理性的方式，更有耐心地引导孩子健康成长。

更能实现教养目标

钝感力妈妈大气、从容、有主见。不管孩子做了什么，她都会觉得孩子可爱。这种可以原谅一切的情感，是产生钝感力的原点。

从养育关系上来看，一个家庭既有养育者，也有被养育者。养育者，大多指的是父母。养育孩子作为一项伟大的事业，目标是一个关键要素。养育孩子其中一个非常入流且正统的目标就是培养孩子的品格，使其未来的人生更加美好、更加顺利。比如，爱心、主动性、自主性、自制力、坚韧、胸怀宽广、负责任等，即完美地实现孩子的社会化进程。在这个过程中，“钝感力”是一种重要的教养智慧。

任何品格的形成，都是行为不断被强化的结果。这个强化的过程，就像养育一株弱小的花木，需要妈妈有足够的耐心和智慧。

妈妈教幼小的孩子学习吃饭，当孩子拿起小小的勺子，把勺子放进玉脂琼浆般的白粥里，妈妈兴奋地说：“轻轻地，舀起来，放进嘴里。”孩子的小手紧紧地攥着勺子的柄部，向嘴边送去。勺子像颠簸的小船一样，承载着那一点点的米粥，在空气中摇晃，好不容易送到嘴边，仅剩的几粒米，却顺着嘴角掉落在了小小的餐盘里。

随后，孩子又开始了下一勺从碗到嘴的运送过程。孩子能否靠自己品尝到米粒或者米汤的味道，关键在于父母是否给予孩子足够的时间。

有的妈妈见不得孩子把餐桌搞得乱糟糟的，衣服上，餐椅上，到处都是米粒、米汤。于是，她端起碗，拿起勺子，让孩子张大嘴，然后一勺一勺将米粥送进孩子嘴里，看到孩子吃饱喝足，就把孩子从餐椅上抱下来，带着出去玩儿了。

钝感力妈妈则不会这样，即使孩子已经将半碗粥洒落在餐桌上，搞得杯盘狼藉，她也会鼓励孩子自己吃，只是告诉孩子："慢慢地，少舀一点儿。"然后，她扶住孩子的胳膊，帮助孩子稳稳地把粥送进嘴里，并为孩子鼓掌："吃到了，吃到了！来，再吃！"

对于孩子来讲，即使是吃粥这样的小事，也是需要慢慢学习才能掌握的。而孩子尽早掌握一项本领，不仅仅是拥有了这项技能，而是在学习技能的过程中建立起认真做事的态度，并在潜移默化中拥有了一些品格：如勤奋、坚持、自己动手等。

显然，拥有钝感力的妈妈更能理解孩子的成长需要。她们不会因为孩子一时的笨拙而急躁，而是会耐心地鼓励孩子不断尝试，直到孩子能够独立完成为止。

很多缺乏钝感力的妈妈，并没有领悟到这一点，通过她们的行为就可以获悉，她们的教养方式与教养目标往往事与愿违。

缺乏钝感力的妈妈特别喜欢帮助孩子。

即使孩子已经成为五六年级的大孩子，一旦时间比较紧急，她们仍会为了提速去帮助孩子整理书包、脱穿衣服。但她们并没有意识到，父母帮助孩子的过程，实际上已剥夺了孩子的成长机会，阻碍了孩子个人能力的发展，助长了孩子"受之无愧"的可怕习性。

孩子在成长的道路上，如果想要步履坚定，就需要能力的加持，这个能力并不包括"被他人帮助"。小时候，孩子生活不能自理，不能独立完成自己的事情，负责任的心态就会大打折扣，在未来的学习和生活中，必然会因为责任感缺失而影响与他人的合作。

缺乏钝感力的妈妈对孩子的学习很敏感。

只要与学习沾边儿，其他的事情一律让道。由于学习任务重，缺乏钝感力的妈妈便会取消孩子走亲访友的时间、户外活动的时间、体育运动的时间、与同伴玩耍的时间、旅行的时间、看课外书的时间、发展兴趣爱好的时间等。

虽然学习是孩子学生时代的主要任务，但是如果因为学习就剥夺了孩子全方位地体验生活的权利，那么孩子就不能够快乐健康地成长。缺乏钝感力的妈妈把孩子的生活禁锢在学习里，很重要的一个原因就是，她们太盲目、太急于求成，甚至忽略了孩子的身心健康。

缺乏钝感力的妈妈往往不考虑孩子的感受。

成长不仅是一个知识能力积累的过程，更是情绪积聚的过程。只有符合孩子意愿和发展规律的成长行为，才会给孩子带来快乐、满足的感觉。如果妈妈不考虑孩子的感受，孩子就很有可能会出现更多的失望、无助、自卑、羞怯等情绪。

为什么钝感力妈妈更能实现自己的教养目标？因为她们更能把握以下几点。

笃定

她们不盲从，能够把科学的教养目标牢记心中，既不会因为周围人的行为而改弦易张，也不会急功近利地做出浅薄的行为而伤害到孩子。

我们知道，每个孩子都是一个独立的个体，就像天上的星星一样，闪耀着属于自己的光芒，培养他们需要在参照普遍的教养规律的基础上，尊重孩子的个性，并给予个性化养育，而不是被教养风潮所裹挟。

尊重成长过程

孩子的成长是一个漫长的过程，需要孩子一点点地发展自己的能力，钝感力妈妈能够耐心等待，不疾不徐，不吼不叫。

尊重孩子的成长过程，就是尊重孩子，使孩子有自尊，心理健康。

坚韧

培养一个适应社会的孩子，就需要孩子接受很多限制。接受限制，认可限制，做个能够遵从限制的人，这个过程对于孩子来讲，很不容易。此时，需要父母给予孩子坚定和温柔的管理，帮助孩子接受限制。

“玉不琢，不成器。”任何一件好的玉器，背后都有一位善于打磨、坚持不懈的技师。想要孩子成器，妈妈不能缺乏钝感力。

钝感是一种能力，是能够挖掘孩子潜能的能力，是能够让孩子的才华生根发芽、开花结果的能力。妈妈要相信，以钝感的态度去履行责任和义务，完成教养任务，完全可以养育出一个好孩子。

即便此时的你钝感力不强，只要及时顿悟，努力成长，也会成为一个拥有钝感力的好妈妈。在抚育孩子成长的道路上，闻着花香，迈过荆棘，岂不快哉！

无条件接纳孩子

妈妈拥有钝感力的一个重要表现就是能够无条件地接纳孩子。当孩子嗷嗷待哺的时候，她能从哭声里了解孩子的需求，并及时给予适当的满足。被满足的孩子感受到自己是被这个世界喜爱的，就有了安全感；当孩子顽皮、淘气、犯错误时，她能洞悉孩子的小心思，悄无声息地给孩子画一条清楚的行为界线，帮助孩子建立健全的人格；当孩子进入青春期，被成长风暴席卷的时候，她能让孩子理性地看待自己，而不是陷入叛逆的泥沼。

可以说，无条件地接纳孩子是妈妈无往不胜的教养法宝。如果从出生到青春期，父母都能给予孩子无条件的接纳，孩子便能够建立起安全感，拥有自信、自尊的品质，和父母感情好，安然度过青春叛逆期。

可是，做到无条件接纳孩子并不是一件容易的事情。

琪琪妈妈说："我女儿是带着一脸嫌弃降临到我家的。我见到她的那一刻，她那黑亮细长的眼睛充满了睥睨一切的气势，虽然她没有跟我对视，但已经把我震慑住了。那一瞬间，我似乎明白，这个孩子不好惹"。

果不其然，自出生后，哭成了这个孩子的日常。

有大半年的时间，一家人的生活都是在哭声的伴奏中进行的，每个人的神经都紧绷着，无论做什么，都不忘竖着耳朵听孩子的动静。

只要响起琪琪的哭声，不管是嘹亮的还是低沉的，或是抽噎的，无论妈妈是在吃饭还是如厕，都会以最快的速度来到琪琪身边——进一步判断，琪琪为什么哭，是饿了，尿了，做梦了，身体不舒服了，还是受到了惊吓。

由于平时用心观察，琪琪妈妈很快就从"菜鸟"妈妈晋级为凭着哭声和时间判断孩子究竟是怎么了的"人精"妈妈。

如果是饿了，妈妈就会温柔地抱起琪琪，一边轻声安抚，一边给她喂奶；

如果是做梦了，妈妈就会半躺在她身边，嘴里哼着催眠曲，陪伴她在甜美的梦乡中翱翔；如果琪琪不饿、不尿、不睡，就是想赖在妈妈的怀抱里，妈妈不抱就哭，妈妈就会抱起她，和她玩儿一会儿或者给她讲个故事。

总之，不管琪琪怎么闹着哭，妈妈都会很有耐心地安抚她的情绪，帮助她平静地玩耍。

转眼就到了两三岁，琪琪不仅不哭了，而且身体还很健康，全家人都很欣慰，妈妈更是有一种历劫后喜得安宁的感觉，对孩子非常宽容：在行为上，琪琪想怎么样就怎么样；在物质上，琪琪想要什么就给买什么，一点儿也不含糊。

直到有一天，妈妈带着4岁的女儿出门做客，琪琪的教养问题才暴露出来。

母女俩开开心心地来到亲戚家。亲戚非常热情，给琪琪洗了一小碗大樱桃——那个金色的陶瓷小碗上印有一个烫着黑色卷发、穿着漂亮裙子的大眼睛女孩，女孩踮起脚尖在跳芭蕾舞——琪琪非常喜欢，于是高兴地吃了起来。

可是，吃了几个樱桃后，琪琪就把樱桃倒在了茶几上，开始码小兔子。茶几上摆放着茶具，大家也在喝茶。琪琪摆放不开，就开始哼唧。亲戚见了，就给她拿过来一张小桌子，可是她说什么也不愿意换地方玩儿，两只胳膊撑在茶几上，噘着嘴抗议。妈妈想把她抱离茶几。琪琪用力一挣，就碰到了小碗，小碗“啪”地一声，掉到地上，摔碎了。

看着一地的碎碗片，妈妈别提有多尴尬了。她不由自主地伸出巴掌，打在了琪琪身上；琪琪哇哇大哭；一时，现场乱作一团。

这一刻，一个缺乏钝感力的妈妈跃然纸上。妈妈带孩子外出做客，最不愿意看到的场景就是孩子失去礼节和分寸，这样不仅给主人带来了麻烦，也折射出父母在孩子教养上的缺失和不足。面对孩子的不体面行为，妈妈情绪失控，也是钝感力缺乏的表现。

妈妈在教养琪琪方面，从两三岁的时候起，明显出了问题，陷入了无条件满足的循环。无条件满足是一种错误的教养方式，通常以孩子的要求为中心，不考虑客观条件，不考虑后果，无限制地满足孩子的要求。

相对于无条件满足，无条件接纳就是一种更优质的教养方式，无条件接纳的妈妈给予孩子的是无条件的爱，她们会关注孩子的情绪和行为背后没被满足的需求，坚守原则，但是，不管孩子有什么样的表现，都会对孩子的情绪和需求给予关注，都会一如既往地爱孩子。

作为父母，如何才能做到无条件接纳孩子，让自己成为一名拥有钝感力的妈妈呢？

3个月前，无条件接纳就是无条件满足

3个月前，宝宝需要大人无条件接纳，涉及物质、精神、情绪等成长的方方面面，当襁褓中的宝宝饿的时候，需要赶快吃上，他们等不了，因为在妈妈肚子里的时候，他们通过胎盘和脐带汲取营养，为了保证宝宝营养充足，妈妈的营养摄入量必须很充分。所以，那时，宝宝饿的需要的满足是及时的。

出生以后，他们自然而然地也需要这样的满足速度，否则，就会哇哇大哭，用唯一具有和外界沟通的能力，要求妈妈给予满足。单就宝宝的需要来看，此时，妈妈必须第一时间赶过来，满足孩子的胃，不然，他们就会觉得这个世界变得和以前不一样了，没有以前那么舒服了，或者产生这个世界太残酷的感觉，如此一来，让他们再次喜欢上这个世界就不那么容易了。

在0～1岁，心理学家埃里克森认为，这一阶段婴儿的成长任务是发展信任感，克服不信任感，体验着希望的实现。对于1岁前的小宝宝来讲，埃里克森认为他们最突出的特点是完全依赖成人，信任感发展的核心是依赖性，这种依赖性不是体现在口腹之欲上，而是体现在婴儿对母亲照料的体验上。

如果照料者，主要是妈妈在此阶段能够及时满足婴儿的需要，对他们给予抚爱和有规律的照料，宝宝感觉这个世界是自己想要的模样，他人对自己宽容而友好，父母理解、愿意、能够满足自己的需要，他们就不会担心失去可以信赖和照顾他的人，就会产生信赖感和安全感，从而对一般人产生信任。

当感到生活在这个新的世界很安全的时候，宝宝就会觉得这个世界很美好，就会努力去探索周围环境，并在探索中认识世界、发现自己、发展自己，从而成就一个更好的自己。

❤ 守住界线，不溺爱，增强钝感力

在教育孩子的过程中，当孩子提出要求的时候，妈妈虽然意识到越过了理性要求的界限，比如，要买花花绿绿的辣条、糖豆，天色已晚却还要去几公里以外的游乐场玩儿，买家里已经有了的同类玩具等，但是，妈妈钝感力很差，她们看不得孩子伤心、难过。孩子一哭闹，妈妈就感到很痛苦，于是就会答应孩子的无理要求。这样无条件满足孩子需要的爱的行为，就是溺爱。

溺爱会导致孩子得到太多不必要或者不适合他们的东西，滋生他们“想要控制一切”的欲望。

溺爱的结局是什么？

溺爱会限制孩子人格品质的积极发展，导致孩子以自我为中心，缺乏爱心，缺失责任感。这种孩子不懂得尊重他人，未来走上社会也不会受欢迎，这便与我们的养育目标背道而驰。

面对孩子哭闹的场面，如果妈妈能从结果出发，坚守底线，就培养了孩子的自制能力，相当于实现了面向未来的教育，这样的结果并没有背离教养的初衷和责任。

❤ 不断学习科学的教养知识

知识能塑造人的性格，使一个人拥有从容的钝感力。

每位妈妈都要面对孩子极具破坏性表演后的场面，同样是把自己搞得狼狈不堪、把家里弄得一团糟，不同年龄的孩子破坏方式不同，破坏背后的心理诉求也不同，歇斯底里地发作既不会改变孩子自身的行为，也不利于促进妈妈对孩子的了解。

妈妈只有了解儿童心理，才能精准看懂孩子的行为，才会拥有面对一团糟后的乐观、开朗的笑声。

此时，孩子才会敞开心扉把他的所思所想告诉妈妈；妈妈才能耐心地倾听，才能给孩子超强的精力寻找一个发泄口；家才不会是一片狼藉的破坏场。

钝感力妈妈能够和孩子建立良好的亲子关系，就在于她们能够养育出一个懂爱的孩子，而且这个孩子对妈妈、对家庭，有充分的信任感，即使长大了，也能够以家庭为原点，去探索世界。

无条件接纳

随着孩子的不断长大，社会对孩子的要求越来越高，孩子需要约束自己的方面也越来越多。比如，孩子和妈妈出门，他们不可以饿了就能吃，需要到中午饭时间才能用餐；出去旅行，累了，不可以想休息就休息，坚持逛完景点；上学了，不可以因为没睡醒就不起床，也不能磨磨蹭蹭地赶不上第一节课；当然，也不能难过了就任意发脾气……

在孩子建立合乎规则的行为的过程中，因为有时会阻碍他们继续享受婴儿期的无所不能和无所顾忌，所以，他们会因为抵触而有情绪表现。这个时候，妈妈要具备坚定的立场。妈妈的行为宗旨是，在任何时候、任何状态下，都要无条件接纳孩子的情绪，但对孩子的行为，却要分清好坏、对错，这样，才能帮助孩子建立行为界线，使得孩子对自己的行为负责任。

所谓成长，就是你发现自己需要提高的地方越来越多。

爱的赞赏：你在我眼里最美

生活当中总能见到那种对自己充满自信的人，即使所行的路上坎坷不断、非议不停、打击重重，但是，他始终能够乐观前行，因为他们是对负面信息钝感、禁得起打击的人。做父母的都希望孩子能够成为这样的人，在生活的历练中做一名强者。要想使孩子成为这样的人，妈妈先要有钝感力，才能多多赞美孩子，使孩子看到自己的优点和优势，产生正向的自我认知，从而建立自信。

对于孩子来说，如果他亲爱的妈妈，总是以欣赏的眼光看他，那么，无论他长什么样，胖啊，丑啊，精瘦啊，强壮啊，虚弱啊……妈妈说出口的都是赞美之词。这样的孩子仿佛花丛中美丽的蝴蝶，在爱的琼浆玉液中飞舞，他一定内心充实，相信自己能行。

在大众的眼里，奇奇太与众不同了：皮肤黑红黑红的，大大的脑袋上分布着比一般孩子大一号的五官，身材短粗，微微凸起的肚子，再加上眼睛里闪烁着一眼就能看穿别人小伎俩的老成——爸爸戏称，我儿子完全一副敦实伙夫的样子。

可是，在妈妈眼里，儿子就是个帅哥。她给儿子取名王奇博，无疑是对儿子帅的肯定。

小时候，奇奇就跟别的孩子不一样：一岁多才会爬，爬几步，就坐下，听话倒是听话，就是不爱活动。妈妈带他出去，他要么坐在妈妈怀里玩手，要么坐在车里揪车部件，人一多，就哭。

妈妈却是一个十分外向的人，出门就喜欢往人堆儿里凑，一边看孩子，一边和宝妈们聊天，交流育儿经验，对她来讲，去“妈妈广场”是再幸福不过的事情了。

对于奇奇的内向认生，妈妈没有焦虑担心，而是满怀信心地想办法改变。她为孩子设计了一个“1，2，4，6，8……”式的交往进阶方案。

起初，她抱着儿子去稍微安静的地方，只跟一位宝宝、一位妈妈在一起玩儿。一次，两次，多次之后，奇奇会咿咿呀呀地向小朋友招手了，有时还会去拉小朋友的手，妈妈发现奇奇的变化后，很是兴奋。

于是，妈妈试着扩大自己的交际范围，让玩耍的环境变得更热闹。她带奇奇去宝宝和妈妈更多一些的地方玩儿，渐渐地，到两三岁的时候，奇奇可以非常开心地去“妈妈广场”玩儿了。在那里，他和别的小朋友没什么两样，拥抱，玩耍，追逐，分吃零食，当然也会有推搡、哭喊。

上学后，进入一个陌生的环境，奇奇又开始变成孤家寡人了。

于是，妈妈开始为儿子创造和同龄孩子一起玩耍的机会。她早早给孩子报了小号课程，一周一次，带着儿子去校外学习，回家督促儿子练习。妈妈知道学校有管乐团，如果儿子吹得好，到时加入管乐团，就可以交到志同道合的朋友了。

果不其然，儿子不仅如愿进了管乐团，在训练和演出的过程中还交到了朋友，每逢周末、假期，他就会约朋友们一起练习。

妈妈也非常支持孩子们来家里练习，给他们准备各种点心、水果，孩子们特别开心，都喜欢跟奇奇交朋友。

说句实话，奇奇的朋友们个个都很帅气，只有奇奇还是一副“敦实伙夫”模样，但是，妈妈依然觉得儿子是最帅的。

奇奇说：“我妈最爱我，总是觉得我帅，我就要帅出个样儿来！”听了这话，不仅妈妈开心，全家人都很满足。确实，奇奇学习努力，做事勤奋，孝顺懂事，家人都非常喜欢他。

妈妈对孩子充满爱的赞赏，是孩子自信的源泉，也是妈妈作为母亲自信的体现。自信的妈妈钝感于孩子的不足，有足够的耐心发现孩子的优点，挖掘孩子的潜能，孩子也会自信。她们通常是这样做的。

赏识自己的孩子

林肯说:“每个人都需要赞美!”赞美能够增进彼此的关系。

孩子和妈妈之间，具有天然的关系上的依赖，这份依赖未来也会迁延到其他人身上，妈妈与孩子的相处模式就成了孩子与他人相处的模板。父母以什么样的方式和孩子建立关系，孩子就会把这种方式成功地复制到外在的世界中。妈妈以赏识的态度对待孩子，孩子也会以赏识的态度对待他人。

从小被父母赏识的孩子拥有很强的自信力，不会因为他人的讽刺、轻视而妄自菲薄。所以，这样的孩子总能走出一条属于自己的路。

钝感力妈妈不在意别人的看法，总是以发展的观点看待孩子的成长。即使自己的孩子，在所谓的主流眼中表现得并不出色，比如，不是三好学生，学习成绩不领先，长得也不漂亮，也没有在学校社团崭露头角，但是，妈妈就是觉得自己的孩子很好，自己的孩子善良，做事认真，还坚持发展自己的兴趣爱好，假以时日，这些都是推动孩子拥有美好未来的强大支撑。

用赞赏助力孩子成长

美国心理学家詹姆士说:“人类本质中最殷切的需求是渴望被肯定。”

孩子什么时候最渴望被肯定呢?努力做事或者做好一件事的时候，这个时候妈妈最能说出赞赏的细节，孩子也就最有感受。

比如，“我儿子主动帮助邻居老爷爷提东西，尊老敬老，有礼貌。”“能主动帮助父母收拾餐具，这样妈妈就轻松多了!”“能把自己明天穿的衣服放在枕边，明天起床就很快了。”记得要一边说，一边竖起大拇指。赞赏能够提升孩子的自信，助力孩子快快长大。

赞赏孩子的行为，妈妈的态度要真诚，如果辅以亲切的动作，比如，摸摸孩子的头，贴贴脸，抱抱孩子等，孩子的内心就会感到温暖。这不仅有利于促进身心智力发展，还非常利于孩子记住当时的美好时刻，促进亲子关系的发展。

心理学家米拉尔德说:“被拥抱和触摸的感觉可使孩子充满活力，并使大脑兴奋和抑制协调，促进大脑发育，提高智商，使他的心态平衡。另外，触摸还可以减少或解除孩子的紧张感、疲劳感和疼痛感。这种天生的情感在孩子长大之后也会感受到。”

孩子高兴了，还有什么进步不能实现呢?

关注行为细节，但要从大处落墨

如果说这个世界上有什么事物能够担当得起美好到极致的话，那一定是妈妈眼中的孩子。妈妈可以一天到晚盯着孩子而不厌烦，孩子小的时候看便便、看气色、听呼吸，孩子入学后看书写笔顺、课本笔记，再大了听孩子说话的言外之意、观察其结交的朋友等。妈妈关注孩子的行为细节有助于了解孩子，是教养孩子的需要。但是，如果妈妈事无巨细，什么都问、什么都管，让孩子感觉自主权受到了侵犯，很可能会被孩子嫌弃、疏远，进而影响亲子关系。学学钝感力妈妈吧，她们能成为孩子的知心朋友，因为她们懂得管教孩子要从大处落墨。

军军是一名三年级的小学生。三年级的孩子写字还用铅笔，每天上学前，军军都会削好 15 支铅笔，外加 5 块橡皮，放进铅笔盒里。

放学后，妈妈会留意一下儿子上学用的铅笔情况，少了或者短了，就加上新的，凑够 15 支。

有一天，妈妈发现儿子的铅笔盒里多了两支不同款式的笔，妈妈问："怎么有这样的笔？"军军说："老师发的，同学的笔掉地上，没人领，就放老师讲桌上，攒多了，老师就发给我们了。"

妈妈觉得有道理，就没再说什么。

有一天，妈妈发现儿子铅笔盒里又多了一支不同款式的笔，就问儿子："你是不是拿错笔了？"军军说："没有，是同学放我桌上的，我就带回来了。"妈妈没说话，觉得需要观察一段时间再跟儿子聊一聊这件事。

在相当长的一段时间里，妈妈注意到，儿子铅笔盒里的笔，会少了自己的铅笔，也会多了其他款式的铅笔。

妈妈觉得有必要跟儿子聊聊铅笔所有权的事情了。

妈妈问："你们的铅笔掉在地上，是不是就不捡了？"

军军点点头说："是的。放学后，值日生会捡起来，放到老师那里。有的也会当垃圾扫出去。"

妈妈说："这样可不好。文具掉了，当时就要捡起来。是自己的，就放进铅笔盒里；不是自己的，就问问周围的同学；如果没有人认领，就放老师那里，可以吗？"

军军点点头说："好。"

妈妈说："下课后，第一时间，把铅笔盒盖好，这样，铅笔、橡皮就不会掉出来了。"

军军说："好的。"

妈妈说："不是自己的文具，一定不要捡，可以吗？如果同学有新的款式，你很喜欢，回家跟妈妈说，下次采购文具的时候，妈妈会带上你，让你自己挑选。"

军军问："老师发的铅笔可以拿吗？"

妈妈说："可以。"

军军开心地点点头。

孩子记性好，特别是在购物方面，被妈妈兑现采购喜欢的文具的诺言后，孩子的铅笔盒里安静多了。

这位妈妈的做法就是典型的"关注细节，大处落墨"。

那么，什么是大处落墨呢？就是把教养的关键点放在跟孩子人格发展、品格建立相关的事件上来，关注孩子的行为，但不给孩子的行为下定论，因为妈妈懂得孩子不是带着规矩来到这个世界上的，他们不是一出生就懂得做合乎规范的事情，他们道德的发展需要一个过程，需要大人引导他们迈向成熟。这是钝感力妈妈面对孩子的问题行为时的正确态度。

如果妈妈没有钝感力，很可能会在第一时间抛出底牌："不要拿别人的铅笔。"这样武断的命令式的沟通会让孩子很受伤。

如果总是以命令的口吻支配孩子，一方面，孩子处于被动服从的地位，时间长了，就会养成退缩的性格，依赖性强，不敢独自做事；另一方面，孩子可能会逆反，不听父母的话。当然，还可能会受父母的影响，习惯于命令式说话，降低个人魅力，使得社会交往受限。

父母根据结果进行主观臆断，做出的判断不符合事实，甚至冤枉了孩子，会让孩子的内心不舒服，时间久了，孩子可能会不信任父母。

总之，在教养孩子的过程中，妈妈关注孩子的行为细节没有错，但是如果不深入了解事实，就不能做出有利于孩子成长的决定，很可能节外生枝、舍本逐末。

妈妈怎么才能拥有这种关注细节，从事实出发，从大处落墨的钝感力呢？

懂得什么是教养的“大处”

所谓“大处”，就是培养孩子健全的人格，高尚的品格。品格是孩子的内心动力，决定着孩子未来的命运。对于任何人来讲，无论出身如何，无论生活在哪里，无论爱好什么，无论未来选择什么职业，总会遇到坎坷或陷入困境，这个时候，能否披荆斩棘，取决于内在的力量，那些拥有负责、主动、有爱心、能够坚持不懈品质的人，更能战胜困难，到达胜利的彼岸。

负责、主动、有爱心、坚持不懈、刻苦、自主、诚实等美好品质不是生来就有的，而是需要父母从小培养。好行为成就好品质，父母强化孩子的优秀行为，改变不良行为，孩子就会形成良好的品质。孩子在早年建立起来的好的行为模式，也就是好品质，就是未来的行为方式。父母培养孩子的好品格，就是塑造孩子的美好未来，必然是教养的“大处”。

通过孩子的行为，评估孩子的品格建构情况

作为妈妈，当然要了解自己的孩子是一个什么样的孩子，他会成为什么样的人，那么怎么了解呢？观察孩子的行为细节。

孩子在特定的情境中做了什么，比如，遇到小孩儿摔倒，他的第一反应是什么；他是否愿意帮助父母做家务；遇到不如意的事情，他有什么样的反应；遇到比较难完成的任务，他是扔下不做还是坚持到底；他有什么要求不能立即实现，会有什么样的表现等。

孩子的这些行为细节是孩子心理的体现，更能界定孩子的品格，以帮助妈妈去调整和改变自己的教育行为。

舍得孩子“痛苦”

拥有钝感力的妈妈心胸开阔、不屈不挠，她们深深懂得自己之所以能够在生活和事业上一往无前，就在于自己面对挫折时的钝感，使得自己能经得住打击。所以，在教养孩子的时候，她们更加懂得“玉不琢，不成器；人不学，不知义”。成长，是要吃一些苦头的。

冰冰和王亚是同学，两个小姑娘在同一个舞蹈机构学习芭蕾舞。每周，她们都手拉着手去跳舞。七八岁的小姑娘，仰着粉嫩的小脸儿，穿着漂亮的舞蹈服，头上高高扎起的蝴蝶结在行人中飞舞，很惹人注目。

练舞不是一件轻松的事，压腿、压胯、压肩、前弯腰、后弯腰、横叉、竖叉，两个小姑娘学得很认真，眼看着学跳“鹅”了，冰冰却不去了。

为什么呢?

冰冰没有生病，就是不想跳了。原来，冰冰的妈妈出差了，冰冰在家里练习横叉，两腿岔开且屁股靠墙，膝盖不能弯曲，双腿打开怎么也达不到180°，一起来就两腿发麻，冰冰有点儿气馁。

姥姥看冰冰练得辛苦，很心疼，冰冰不想练了，姥姥也没说什么。平时，要是妈妈在家，遇到这种情况，妈妈一定会鼓励冰冰坚持练下去的。姥姥觉得孩子练得这么辛苦，伤到腿可就麻烦了，反正将来也不要当什么舞蹈家，不练就不练呗。

一周没练习，到了舞蹈机构，冰冰是唯一一个横叉不直的学员，看着大家都很熟练地保持脚尖、膝盖和胯根三点一线，冰冰伤心地哭了。

接下来，冰冰就再也没有去上课。妈妈打视频鼓励冰冰，冰冰还是不去。回来后，妈妈虽然很生气，但也没有发怒。

妈妈拿出礼物，分给家里人。她带给冰冰的礼物，是一双粉红色的李宁运动鞋，冰冰见到了，一边惊呼“太美了”，一边穿在脚上在房间里跑来跑去。

等冰冰平静下来，妈妈就给她讲起了李宁运动鞋创始人李宁的人生经历，讲了他曾经是一位体操运动员，19 岁在世界体操锦标赛上一人狂拿 6 枚金牌，堪称体操史上的神话，要知道男子体操项目共有 7 枚金牌，因此人们称其为“体操王子”。他退役后，转战商场，历经沉浮，创造了“李宁”品牌，并将其发展成为一个代表中国的、国际领先的运动品牌。

妈妈问冰冰：“你知道李宁为什么能有这么大的成就吗？”

冰冰摇摇头，妈妈说：“因为他肯吃苦，不怕痛，有勇气去战胜困难，所以就成为成功者啊。”

妈妈继续说：“无论做什么事情，要做好，都需要一个过程，这个过程要说难也不难，要说简单也不简单，最基本的一点就是坚持做，至于做成什么样，就看努力的程度了。”

冰冰问：“体操训练很苦吗？”

妈妈从网上找出一些李宁参赛的图片给冰冰看，然后说：“李宁 8 岁进入广西体操队，体育运动训练很艰苦，常常在稚嫩的双手上磨出老茧，运动需要把老茧撕裂。这导致李宁的双手在训练的时候，经常流血，可是李宁从来没有停止过训练。有一天，正在训练的李宁突然发现自己冷汗直流，进医院后诊断出患了骨髓炎，不能继续训练。”

“李宁不甘心，他想到自己的伤病在胳膊，胳膊不能训练，腿部可以啊。于是，李宁在胳膊上绑上绷带，坚持练习腿和腰腹，一天不落地坚持训练。骨髓炎好了后，李宁想着可以加强训练了，但是他又把胳膊摔成粉碎性骨折，不得不继续坚持下肢训练。”

冰冰诧异地问：“难道他不怕疼吗？”

妈妈说：“谁能不怕疼啊！要想学得好，就得忍住，能忍住，才能提高技术水平啊。你看，这是国际体联以李宁命名的体操动作——吊环李宁摆上、吊环李宁正吊、鞍马李宁交叉和双杠李宁大回环。”

冰冰惊叹道："哇，太牛了！"

妈妈接着说："李宁在18年的运动生涯中，共获得国内外重大比赛金牌106枚，世界冠军14次。在开始练习体操的时候，他知道自己会获得这么多的荣誉吗？我觉得不一定。当退役后，开始做体育用品的时候，他能想到'李宁'会成为中国体育用品的第一品牌吗？当然不会。但是，有一点可以确定，李宁一定会成就一番事业。即使不是体操冠军，即使不是'李宁'品牌，也会是其他领域的'冠军'。"

冰冰不解地问："是因为李宁从小就很聪明吗？"

妈妈意有所指地说："是因为他坚持热爱，不怕吃苦，努力拼搏，这都是获取成就的好品质。一个人越早养成这种品质，就越能禁得起摔打，在未来的路上，就越能飞得高、走得远。"

接着，妈妈拿出冰冰和王亚手拉手走在去舞蹈班路上的照片，让冰冰看，并说："多美丽的小姑娘啊，就像两朵美丽的花儿。如果能够努力，好好学习，有文化，有能力，不仅拥有外表的美丽，还有内在的美丽，就是世间最美丽的花朵啊！"

故事的最后，妈妈拉着冰冰的手，带她继续去学习舞蹈了。

凡管教的事，当时觉得不快乐，甚至觉得愁苦。这在于人性本来就是拒绝受限，而倾向于欲望的满足。所以，管教孩子的时候，孩子会反抗，是因为他感受到了失去或者达不到的痛苦。

钝感力妈妈深深知道，孩子的成长会经历"痛苦"，越是好的成长，孩子经历的有效"痛苦"也就越多，这些"痛苦"在当时看来似乎违背了儿童天生的安逸需求，但从长远的社会适应角度看，却能引领孩子走向更美好的未来。

从管教的角度来讲，凡是与品格有关的事情，比如，责任、坚持、无畏挫折、有爱心、能吃苦等，这些品格都与孩子的未来发展密切相关，需要父母高度重视。

在培养这些品格的过程中，有时孩子会经历挫折，会感到痛苦，甚至因为承受不了劳累、孤独、单调、疼痛、被束缚、被限制等不愉快的感觉而要放弃，这个时候需要父母发挥管教的力量，既要共情孩子的痛苦，又要坚守住既定立场，陪伴孩子跨越痛苦，形成品格。这样，孩子才能迎接美好的未来。

为了培养孩子的好品格而让孩子受苦，这是一种让未来闪光的苦，孩子必须吃；而不让他人受到伤害的苦，孩子也一定要吃，否则，他将难以学会真正的同情与责任。

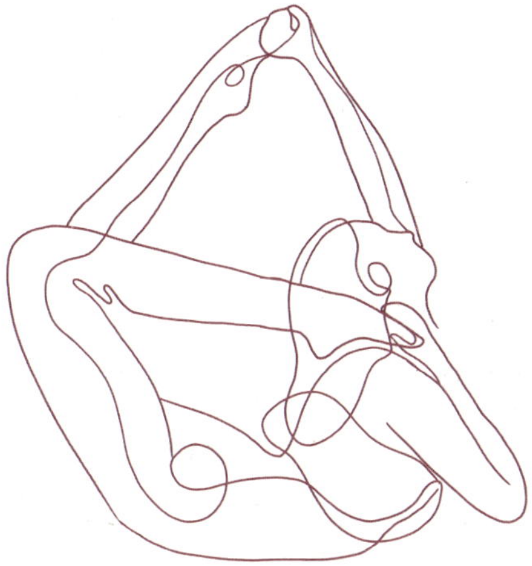

不发生“攻击性行为”

面对外界的不良刺激，比如，斥责、奚落、抱怨、命令等，钝感力妈妈泰然处之，不被激惹，该做什么做什么，这样的妈妈，培养出的孩子不太计较他人的言语，不会被不良环境影响，更不会出现攻击性行为。

冰冰是一名10岁的男孩，从小练习体育项目，身体很壮实，但是，他从来不打架、不欺负人。

有一天，冰冰在小公园里和几个小伙伴踢球玩儿，这时，加入一位陌生的男孩儿，男孩儿有意无意地就会踢到冰冰的屁股。

冰冰察觉后，就换了一个位置，距离陌生男孩儿远了一些。球飞过来了，冰冰一用力，把球踢到了花丛中。

大家走出广场，把球拿回来后，准备继续玩儿。陌生男孩儿说：“你不会踢球，脚太歪，不加你了。”

冰冰说：“凭什么不加我？”

男孩儿说：“你只能当观众。”说着，男孩儿从冰冰手里夺过球，喊大家去别的地方玩儿。小伙伴们要求冰冰一起玩儿，陌生男孩儿不同意。

转身，冰冰加入另一群做游戏的小伙伴当中去了。

妈妈知道这件事后，夸冰冰很大气。

冰冰说：“不就是踢球吗，一会儿不踢也没什么。明天我带上球，重新组织大家玩儿。”

第二天，冰冰带着足球出来，自己组织了一群小伙伴，大家你一脚、我一脚地踢了起来。

此时，陌生男孩儿也走了过来，在广场周围徘徊。

冰冰和小伙伴们主动邀请他加入，陌生男孩儿看看冰冰，没说什么，加入进来，非常配合地引导大家踢球。

孩子越小越以自我为中心，同伴们在一起玩耍、游戏的时候更缺少规则，基于本能的欲望驱使，更会处于一种蛮横、无规则的状态，所以更容易暴力相向。这个时候，能使得他们对人友好相待、不攻击的力量更多来自环境。

社会心理学家班杜拉曾经做过一个“波比娃娃研究”的实验，过程是这样的。

实验人员随机选取36名3～6岁的男孩儿和女孩儿，并把他们分成了三组，控制组24人，接触攻击性榜样组24人，接触非攻击性榜样组24人。每个儿童分别单独经历不同的实验程序。

实验者引领一名儿童步入活动室，途中偶遇一位成人榜样，并邀请他来参加一个游戏。儿童坐到房间一角，面前的桌子上放着土豆印章和一些印有动物和花卉的贴纸，儿童可以把贴纸装饰到贴板上。成人榜样坐到房间另一个角落的桌子前，这个桌子上有儿童拼图玩具、一根木槌和一个很高的充气波比娃娃。实验者告知成人榜样，这些玩具是专为他准备的，随后，就离开了。

无论是攻击情境还是非攻击情境，榜样开始时均专注于拼图。1分钟后，攻击性榜样开始暴力击打波比娃娃，而无攻击性榜样则忽略它。10分钟后，实验者返回，与榜样告别，并将孩子带到另一活动室。在这个活动室里有很多吸引人的玩具，比如，消防车模型、喷气式飞机模型、玩具橱、玩具车等。实验者让儿童玩一会儿这些玩具，然后告诉他们这些玩具是为其他儿童准备的，但是他们可以去另一间房间玩儿别的玩具。

最后一个实验房间里备有攻击性及非攻击性玩具。攻击性玩具含波比娃娃、木槌、掷标枪及人脸系绳球；非攻击性玩具同样多样。儿童获准在这个房间自由玩耍20分钟。

结果发现，如果儿童看到了榜样的攻击行为，他们倾向于模仿这种行为，包括身体攻击行为和言语攻击行为，而无攻击行为榜样组和控制组几乎没有发现这种行为。

这个实验充分说明了当儿童看到攻击性行为时会学习，而且看到了，就学会了。这说明一个孩子如果在充满暴力、邪恶、打骂的环境中成长，那么，他们也就学会了这些行为，这样的行为很可能导致他们人格不健全、心理不健康、道德品质不够高尚等。

攻击性行为是学习得来的，如果妈妈不激惹，不打骂孩子，不跟人动手，孩子也就无从习得攻击性行为。

妈妈如何避免孩子在其他环境当中习得攻击性行为呢？

要警惕，孩子可能从各种画面学习到了负面内容

AI 智能时代，电子设备普及，孩子随手点开一部手机，里面就会蹦出五彩斑斓的画面，被画面吸引的孩子，不仅习得了行为动作，还学会了语言。

父母不用奇怪孩子说出“笨蛋”“傻”“坏蛋”等词语，一些小视频里充斥着这样的话语，符合孩子猎奇的心理特点，听到自然就学会了。

班杜拉在研究中发现，年幼的儿童常常会模仿电影中的攻击性行为，对此，他曾发出警告，大量的媒体，尤其是电视和电影提供了许多社会学习的影响源：“在塑造行为与社会态度上，大量媒体发挥了重要的影响作用，随着象征性榜样的使用，家长、教师以及其他传统角色所发挥的榜样作用在社会学习上占的比重越来越小了。”

相对于电影、电视来讲，小视频里的各种画面更容易被孩子捕捉到，既然观察到的可能性大，那么表现出的可能性也就随之增加了。所以，一定要尽早监管孩子对手机、iPad、电脑等电子设备的使用。

即使无意习得，也要及时改变

在孩子成长过程中，钝感力妈妈很有心，所以，总能捕捉到孩子行为上的变化。

著名心理学家班杜拉总结了观察学习的四个过程，分别是注意、保持、动作再现和动机过程。这个研究说明，一个孩子面对一件事情有没有习得一

些什么，不是当时就能了解到的，因为当孩子注意到某个动作并把这个信息编码到大脑里，要有一个运动再现的过程，在这个过程里，孩子自我修正、自我练习，然后遇到合适的时机才会表现出来。

比如，当观察到一个打斗的画面后，孩子偶尔会自己比画比画，某一天，当和小伙伴发生矛盾的时候，打斗激烈，情绪失控，可能就会做出画面中的动作。动机的驱动作用，决定是否将所习得的行为认知模式外显操作。

当孩子有了言语和行为上的暴力表现时，父母就要寻根溯源，不带孩子进入有暴力的环境，杜绝孩子看小视频。孩子一旦模仿了粗俗的行为，立即指正，使其改变，教会孩子充满爱的表达方式。

钝感力妈妈不冲动、不暴力

在教育孩子上，做父母的在孩子面前言行要一致，因为孩子往往学到的不是父母口里教的，而是父母做过的事情。

孩子观察父母的言行，观察父母如何对待他们、对待配偶、对待朋友、对待工作，年龄越小，越容易不分好坏地照单全收地模仿。所以，说一万句不要攻击他人，不如父母不爆粗口，不暴力相向，更利于孩子温和谦恭、以礼待人。

每个人都有属于自己的路，
只需要坚持走下去。

第二章

钝感不是迟钝、木讷：敏感于成长特性

钝感力妈妈拥有作为母亲的自信和自觉，在教育孩子上，她们可以无视外界环境的干扰，坚持顺应孩子的成长特性，在孩子的成长需要被精准满足后，独特的才能也被充分挖掘，成长自然而然一骑绝尘。

敏感期：进入成长加速度阶段

随着认知心理学和教育心理学的发展，对成长具有一定规律性的科学认知越来越广泛地影响着孩子的教育，钝感力妈妈的钝感还表现在对孩子成长特性的敏感，这使得孩子的成长表现得更加高效。

在这里有两位妈妈，她们的孩子分别叫可可和乐乐，均在1岁半左右。

最近可可妈妈陷入了烦躁当中，她觉得可可太不听话了。

可可每天都要爬上写字桌去拿妈妈的笔筒，妈妈虽然跟可可说不要这么做，以免摔到自己，很危险，而且会把家里搞乱。可是，儿子就是不听！可可就是喜欢爬写字桌，然后拿笔筒，把笔都倒出来！看着一支支钢笔、铅笔、羽毛笔、碳素笔，红的、绿的、粉的横躺竖卧在桌面上，桌腿底下，地板上——妈妈真想给可可一巴掌。

虽然巴掌没有落在可可的身上，但是呵斥几声总是不可避免的，看着孩子被吓一跳，妈妈心里也不是滋味。

乐乐妈妈也遭遇了相同的情况。乐乐只要看到床上、茶几上摆放着东西，不管不问，拿起来就往地上扔！起初，妈妈会捡起来，但是乐乐还是会扔。有一次，妈妈换衣服时，顺手把手机放在床边，眨眼间，手机就到了乐乐手里——乐乐就把手机扔到地上了！

妈妈觉得乐乐可能进入了空间敏感期，他迫切需要了解物品和空间的关系，感受空间距离，建构空间概念，建立空间意识。当孩子进入空间敏感期后，活动的空间越广阔，将来掌握空间概念、发展几何空间的能力越强。

于是，妈妈就努力为乐乐寻找可以扔、投掷、爬上爬下、登高、钻洞等机会，让乐乐尽情施展自己的本领。春暖花开的季节，妈妈带着乐乐来到小河边，踩着软软的绿草，望着波光粼粼的河水，乐乐开心地捡起河边的小石子，用力往水里扔。乐乐看着小石子在水面跳跃，溅起一圈又一圈的波纹，心里乐开了花儿。秋高气爽的季节，妈妈带乐乐去爬山，山间绿树层盖，丛石嶙峋，重峦叠嶂，令乐乐目不暇接。

很清楚地可以看出来，乐乐妈妈在遭遇儿子可怕的空间敏感期行为时，很敏感地意识到这是成长需要才会有了非常钝感的表现——带孩子充分感受空间。

空间敏感期是什么样的呢？

当宝宝的手、脚在不断啃咬中被嘴巴唤醒以后，身体就开始行动了。在行动的过程中，宝宝认识到了我和物的不同，逐渐把自己和这个世界剥离开后，就要进行下一步的探索，他要探索这个世界上的这个物和那个物位置上的区别，我和物之间的关系，物和物之间的关系，这个强烈的成长需要就是空间敏感期。

大约 10 个月的时候，宝宝就开始建构自己的空间感觉了。他们通过抛撒、移动物体来探索空间，感知自己和物品、自己和空间之间的关系，并在此基础上建立起自己空间上的秩序。

每一个宝宝都乐于在不同的地方爬来爬去，把东西移来移去，往高处爬，爬上去后又爬下来或者把上面的物品扔下来，钻到空间里面去，把里面的东西取出来，或者把外面的东西塞进去，宝宝喜欢感受不同的空间，这既是宝宝空间认知的最初过程，也是成长的需要。

如果妈妈从安全卫生的角度出发，不允许宝宝用身体来感知这个世界，那么，宝宝就无法建构对这个世界的安全感，他们探索的欲望就会被遏制，空间技能和空间智能就难以获得很好的发展。如果宝宝没有亲身经历又怎么能在这个世界畅行无阻呢？

为了让宝宝在敏感期的各个成长阶段获得应有的发展，妈妈需要掌握敏感期的重要性并保持学习和接纳的态度。不妨从以下几个方面做起。

充分认识敏感期的重要性

宝宝出生后，大脑发育的第一个部分是感知觉区，小宝宝需要通过多种感知觉，比如口的动作、手的动作等来获得对物体的感知，并进行比较、分类，最终形成概念。当某些特定的时刻，新的突触连接大量形成的时候，学习某项技能的效率就会很高。如果宝宝错过这个时期，他的各种能力的发展，包括脑部发育就会受到影响。

有机体在早期生命的某一短暂阶段内，对来自环境的特定刺激特别容易接受，人们习惯把这个时期叫作敏感期。特定阶段内，脑对某种类型的信息输入产生反应，以创造或巩固神经网络。《求学》杂志上登载了这样一个故事：意大利小男孩托蒂拥有一只奇怪的眼睛，它的外表完好无损，却不幸失去了视觉的光芒。原来，在他刚出生的时候，这只眼睛因轻微感染被绷带紧紧包裹了两周。这对成年人来说或许只是个小插曲，但对正处于大脑发育黄金期的托蒂而言，却是一次致命的打击。由于缺乏来自这只眼睛的外界信息刺激，他的大脑逐渐认定这只眼睛已无用武之地，并导致原本服务于它的神经组织逐渐退化。托蒂的故事并非独一无二，后续的动物实验也进一步证实了“用进废退”的自然法则。无论对人还是对动物，身体的每一个部分都需要不断使用，才能保持其功能和活力。

小托蒂因为错过了视力发展的敏感期，导致一只眼睛失明。这是不懂敏感期教育而导致的悲剧。

还有这样一个故事，故事中两个小女孩的经历更加悲催。

1920 年，人们在印度的丛林里发现了两名被狼哺育大的女孩儿，大的 8 岁，小的 2 岁，她们被送到了孤儿院。据考察，两名女孩儿大都是出生半年后被狼衔去的，然后她们就跟狼生活在一起。孤儿院院长辛格牧师努力让两位女孩儿回归到人类的正常生活，但是她们不肯穿衣服、不肯吃熟食、不肯睡床上，处处显露着狼的本性。辛格牧师花费了两年时间才教会了 8 岁女孩儿笑，花费了 4 年时间才教会了她 6 个单词。

这两个女孩儿因为错过了语言敏感期而导致语言表达能力不能逆转，当然她们也错过了其他的成长敏感期，因而尽管她们回到人群，能直立行走，也接受了文明的教养与引导，但最终并未发展出人类的行为与思维。

由此可见，敏感期现象是孩子成长过程中的一个重要特性，是宝宝内在生命力的外化表现，是孩子成长过程中的“加速度”。在孩子的成长敏感期，如果能获得来自环境的良好刺激，就能推动孩子某项能力的发展；反之，则会导致孩子的成长延后或者停滞。

❤ 学会敏感期到来的判断方法

敏感期到来后，在某个时间段内，幼儿会对敏感对象表现出痴迷的热情，会不断重复实践某方面的功能，而且学习起来特别快，妈妈可以据此判断孩子是不是某方面的敏感期到了。

除了耐心观察孩子的表现，妈妈还要多多学习敏感期知识。以科学的态度去应对孩子的敏感期，才能为孩子创造适宜的成长环境。

幼儿阶段的敏感期很多，比如，视觉敏感期、口腔敏感期、手的敏感期、走的敏感期、空间敏感期、秩序敏感期、模仿敏感期、自我意识敏感期、审美敏感期等。

在 0 ~ 6 岁，孩子的敏感期会接踵而来。有些敏感期呈现螺旋状发展，相同的敏感期会在孩子未来的成长过程中不断重复出现，并有不同的深度和广度，对孩子身心智力的发展也是截然不同的。比如，人际关系、自我、绘画、音乐、语言、秩序、审美、空间、婚姻等。从这一方面来看，的确需要妈妈拥有钝感力，对孩子的成长体察入微，才能抓住教养最佳时机。

多元智能理论：看见孩子的优秀

钝感力妈妈本身具有敏锐的认知能力和沉着的个性，这让她们拥有足够的耐心去发现孩子的特点，并根据其特点使用适合孩子成长的教养方式。

读小学的时候，玲玲很喜欢唱歌，长大后想当一名歌唱演员。于是，妈妈给她报了声乐班、音基班；学了两年后，效果不错，在这种情况下，妈妈又给她报了钢琴班，玲玲学得很认真；到了初中，玲玲已经能够上台演出了。最令妈妈欣慰的是，玲玲变得非常自信。不仅仅是歌唱才艺方面，还有学习上，都取得了很大的进步。妈妈说："未来，无论她选择什么专业，我们都赞同。眼下，会竭尽全力培养她的才艺。"

玲玲的发展就涉及了教养的适配性原则，也就是养育孩子要参考孩子的气质特点、优势智能，为孩子营造一个适合其成长与发展的环境。

每个孩子都要进行职业规划，尽早发现孩子的优势智能，发挥长处，不仅是一件夯实发展才能地基的事情，更是一个帮助孩子自我认识、建立成长自信的机会。那么，该如何做呢？

❤ 懂得多元智能理论，提升教养自信

对于上学的孩子来讲，看他的学业成绩，不管孩子各科都擅长，还是只擅长一部分科目，或者各个科目都不是很优秀，这并不意味着孩子不能踏上自己的成功之路。

美国哈佛大学教育研究院的发展心理学家霍华德·加德纳将人的智能分为 8 大领域，即语言智能、数学逻辑智能、视觉空间智能、身体运动智能、音乐智能、人际交往智能、自省智能和自然观察智能，每个人均具备各自独

特的智能优势组合。

研究显示，每个人都会拥有一项或者几项优势智能，也会存在相对较弱的领域，这样的智能结构意味着每个人都是可造之才，每位妈妈都可以把自己的孩子培养成才。因此，如何判定孩子具有某种优势智能至关重要。

判断孩子是否具有语言智能

语言智能主要指听、说、读、写的能力，是指个体能有效地运用口头语言或文字表达自己的思想、描述所见到的情景、理解他人所说的话等。拥有高度语言智能的人，能够灵活地掌握、运用语音、语义和语法。

拥有语言智能的人将来适合的职业是：政治家、主持人、法律顾问、演说家、编辑、作家、新闻记者、教师等。

若孩子能够毫不费力且流畅地重复他人的话，在表达个人观点时用词恰当、词汇丰富多样，能够将听过的故事复述出来或自行编创故事，喜欢语文，写作能力强，那么，这个孩子的语言智能就比较突出。

判断孩子是否具有数学逻辑智能

数学逻辑智能是指个体能有效地计算、测量、推理、归纳、分类，并进行复杂数学运算的能力。该智能涵盖了对逻辑关系、陈述与论点、函数以及其他相关抽象概念的敏锐理解和把握。

拥有数学逻辑智能的人将来适合的职业是：科学家、会计师、统计分析师、工程师等。

如果孩子展现出对提问的极大热情，其抽象思维能力发展迅速，能够较早地理解并理清因果关系，从小就具备出色的心算技巧，对数学课程情有独钟，对复杂的数字游戏和难题抱有浓厚兴趣，那么不妨在数学逻辑智能方面对孩子进行深层次的培养。

判定孩子是否具有视觉空间智能

视觉空间智能是指个体能准确感知视觉空间及周围一切事物，并把所感知到的形象通过绘画的形式表现出来的能力。这项智能使个体对色彩、线条、形状、空间关系等很敏感。

拥有视觉空间智能的孩子适合的职业是：设计师、建筑师、画家以及飞行员等。

如果孩子从小就特别喜欢爬高、钻洞；在成长的过程中，擅长拼图、走迷宫、图画、捉迷藏类的游戏；对于图片、图表、图画等的理解力比较强，对手工制作和绘画兴趣浓厚；如果去过某个景点，能够很容易说出一些方位。则孩子在视觉空间智能的职业领域中将大有可为。

判定孩子是否具有身体运动智能

身体运动智能是指个体善于运用整个身体来表达思想和情感、灵巧地运用双手制作或操作物体的能力。这种智能涵盖了诸如平衡感、协调性、敏捷性、力量、柔韧性以及速度等特殊的身体技巧，同时也包括了由触觉激发的各种能力。

拥有身体运动智能的人适合的职业是：运动员、演员、舞蹈家以及外科医生等。

如果孩子不喜欢坐，而是喜欢跑来跑去、跳上跳下，即使上课的时候都小动作不断，同时展现出较强的实验能力，喜欢拆卸和组装物品，描述一件事情的时候，会手舞足蹈地用动作来表达，学习一些舞蹈、体操动作等会非常快。家长不妨在身体运动智能方面对孩子进行深层次的培养，以促其成才。

判定孩子是否拥有音乐智能

音乐智能是指个体具备敏锐地感知音调、旋律、节奏、音色等的能力。这项智能对节奏、音调、旋律或音色的敏感性强，仿佛天生就拥有音乐天赋，具有较高的表演、创作及思考音乐的能力。

拥有音乐智能的孩子将来适合的职业是：歌唱家、作曲家、乐团指挥家、音乐评论家以及钢琴调琴师等。

如果孩子能够较快或者是无意中记住一些旋律，即使随意敲击桌子也能敲出节奏，唱歌不跑调或者轻松听出别人唱歌是否跑调，喜欢听音乐，能唱自己喜欢的歌曲，愿意学习某种乐器。家长可以在这方面对孩子进行培养，以最大限度地发挥孩子的特长。

判定孩子是否具有人际交往智能

人际交往智能是指个体能很好地理解别人和与人交往的能力。这项智能体现在善于察觉他人的情绪、情感，同理心强，能辨别不同人际关系的暗示并对这些暗示做出适当反应。

拥有人际交往智能的孩子适合的职业是：政治家、外交官、心理咨询师、公关人员以及销售代表。

如果孩子对别人友好、大方、关爱、不吝啬、乐于助人，能够迅速察觉别人的情感、思想、动机、行为等，然后做出正确的选择，愿意参加一些社团、组织，不计较个人收获，能够得到身边人的拥护等，则孩子在人际交往智能方面就具有得天独厚的先天优势。

判定孩子是否具有自省智能

自省智能是指个体具有自我认识和自知之明并据此做出适当行为的能力。它涉及认识到自己的优势与局限，清晰意识到自身的内在兴趣、情绪状态、意愿、性格特质以及自尊水平，同时享受并擅长独立思考的过程。

拥有自省智能的人适合的职业是：政治家、哲学家、思想家以及心理学家等。

我们可以从以下几个特征来判定孩子是否拥有自省智能：做事特别独立；

能够一个人独处；做事情有目标，喜欢自己默默地努力去实现；能够坦然接受自己的不足之处，并努力改变。

判定孩子是否具有自然观察智能

自然观察智能是指个体具备识别动植物、对自然万物进行分类，并能够运用这些能力从事打猎、耕种，进行生物科学研究或识别某个团体与种族成员的能力。自然观察智能发达的人，擅长通过与所处环境间的互动，洞察事物之间的因果关系。在生物学、植物学、动物学以及昆虫学等研究领域这一智能都至关重要。

拥有自然观察智能的人适合的职业是：园丁、农民、生态学家、园艺景观设计师等。

我们不妨从以下几个特征来判定孩子是否拥有自然观察智能：热爱大自然，置身其间特别快乐，对自然界的万物具有强烈的好奇心，能够耐心观察植物、小动物并有新发现。在课堂上，喜欢追着老师问一些关于自然、天文及科学方面的问题，课后还会自己动手进行小实验，探索未知。

孩子可能会具有上面的几种智能，如果妈妈发现孩子在某一项智能方面具有先天的优势，那么不妨对其进行深层次的发掘，这对孩子未来的成长之路定会有所助益。

告诉孩子他们有多能干，
不如让他们自己去证明。

婴儿的三种气质类型：有的孩子不好养

钝感力妈妈，即使孩子出生的时候并不是很好养，也能以足够的耐心去帮助孩子，以饱满的情感去爱孩子。这样，孩子才会成为和其他孩子一样情绪稳定、拥有好品格的孩子。

军军出生以后，就很懂事。妈妈觉得，这个孩子肯定是来报恩的。军军吃奶从不咬妈妈奶头，一双小手也不到处乱抓，总是嘴里吸着奶，眼睛看着妈妈，安安静静地吃。当军军吃饱后，妈妈就把他放在小床上，然后，他就会睁大眼睛看着上空，看着看着，就笑了，自己玩累了，就会睡觉，安静得就像个小天使。虽然偶尔会哭泣几声，也只是小声哼哼，从不哭起来没完没了，更不会哭得声嘶力竭。

当军军醒着的时候，妈妈就给他哼歌，一边唱一边摸摸他的小手小脸，他也会咧开小嘴笑。妈妈摇小铃铛，他的目光追随着小铃铛玩儿，小腿蹬啊蹬啊，特别欢实。天气好了，妈妈就把宝宝放在推车里，走出家门，去院子里晒太阳。军军睁大眼睛看着，看着看着就会眯起眼睛，有时迷迷糊糊就睡着了。由于疫情的原因，妈妈会远离人群，确保军军不被病毒感染。

妈妈觉得，养孩子真的很好。

的确，像军军这样的孩子，非常好养，但是，有经验的妈妈都知道，身边还有很多不好养的宝宝，有的爱哭，有的不爱睡觉，有的不能离开妈妈，有的睡不踏实，有的吃奶咬妈妈……总之，什么性格的都有。

为什么同是嗷嗷待哺的小生命，有的孩子好养，有的孩子就需要妈妈付出很大的耐心呢？这来自孩子的先天气质，也就是遗传因素。

托马斯和切斯基于“纽约纵向追踪研究”的结果，得出了划分气质类型的五个维度：节律性、适应性、趋避性（积极探索或者消极被动）、典型心境

（情绪状态）、反应强度。这些维度与亲子关系、社会化、行为问题密切相关。在婴儿阶段，根据这五个维度可以把婴儿的气质划分成以下三种类型。

第一种，容易抚养型。这种类型的宝宝生活作息有规律、节奏明显，容易适应新环境，并主动探索环境，对新异刺激反应积极，快乐情绪多，情绪反应适中。

第二种，抚养困难型。这种类型的宝宝生活节律、生活规律性差；难以顺利适应新环境；面对新异刺激消极被动，对探索周围环境缺乏积极性；负面情绪多；情绪反应强烈。

第三种，发展缓慢型。这种类型的宝宝不容易适应环境变化；对新事物反应平平，对新异刺激适应缓慢；经常情绪不高，心情不好。但是如果置身于无压力的环境中，他们则会放下防备，逐渐活跃起来。这类儿童随着年龄的增长，特别是随着成人抚养和良好的教育作用的发挥会逐渐发生变化。

对于不同类型的孩子，父母要有足够的耐心，以适应他们气质特点的教养方式对待他们，才能确保他们身心健康地发展，不留下成长的遗憾。

既然不同的宝宝气质类型不一样，对环境的适应能力也千差万别，那么，我们就要根据宝宝不同的气质特点给予关怀和抚慰，以帮助宝宝缓解睡眠障碍，提升适应能力，养成良好的睡眠习惯。

针对不同气质类型的宝宝，我们如何来做呢？下面为妈妈们介绍了几种不错的方法，不妨试一试。

♥ 容易抚养型

这种气质类型的宝宝出生后，不怎么爱哭，比较好抚养。宝宝饿了就会哭，只要妈妈给吃上奶，马上就不哭了。宝宝困了，妈妈只要抱起来轻轻摇摇就能安然入睡。平时，自己在房间，也能安静地玩耍，自得其乐。宝宝睡着醒了，妈妈也无须立即抱起来，可以从容地检查一下：宝宝是否有尿，是否不舒服，是否做噩梦，不用担心他大哭不止！这类宝宝情绪比较稳定，妈妈尽可放心地观察处理，一切妥当后，再给予宝宝温暖的抚慰。

在睡眠上，当宝宝有以下情况时，妈妈不要烦躁，更不要焦虑，只要有足够的耐心，给孩子以安抚，宝宝的情绪很快就能平复下来，比如，宝宝在夜里醒来喜欢哭；出门换了新环境，宝宝怯生；醒来的时候看到的是陌生的面孔……妈妈要认识到，既然自己已经或者正在和孩子建立安全型依恋关系，只要安抚得当，孩子就会快速入睡。

抚养困难型

这类宝宝因为适应新环境较慢，妈妈如果带孩子出去旅行或者去亲戚家小住，一定要好好陪伴孩子，有妈妈在，宝宝才有安全感，对新环境的适应能力才会增强。妈妈多带孩子进入新环境，有利于孩子早早建立起适应新环境的模式，提升孩子的适应能力，避免长大以后不敢面对。

一般而言，这类宝宝在入睡时会显得较为困难，容易出现“磨觉”现象。当睡意来临时，他们往往会用大哭来表达。面对这样的宝宝，妈妈需要有足够的耐心，可以轻声哼唱摇篮曲，用歌声安抚宝宝进入梦乡。此外，最好在宝宝入睡之前就确保他们已经吃饱，同时为他们营造一个宁静、舒适的入睡环境，避免任何可能带来不良刺激的因素，让宝宝安心入眠。

这类宝宝醒来后，如果需求没有立即得到满足，便大哭大闹。妈妈需保持镇静，动作不要太慢，最好是查看宝宝有没有尿、有没有饿、有没有冷，同时跟宝宝温柔地说话，以此表示妈妈在帮助你。当宝宝感受到妈妈的爱时，情绪就会倾向于平静状态。对于这类宝宝，睡觉前把他最喜欢的、最熟悉的玩具放到旁边，渐渐地，宝宝便能安然入睡。

发展缓慢型

这类孩子的性格和对于环境的适应能力介于容易抚养型和抚养困难型两者之间。为了推动孩子适应新环境，妈妈还是要给予一些正向的推动，比如，见到家里的亲戚，但是孩子之前没有见过，这个时候，妈妈可以抱着孩子以友好的态度和亲戚交谈，和亲戚拉拉手。

这类宝宝在困倦时也难以快速入睡，或长时间难以进入深度睡眠，容易醒来。即便睡着，若妈妈不在旁边陪伴，也可能再度醒来，并且醒来后难以重新入睡。因此，妈妈应尽量陪伴宝宝直至其熟睡后再离开。

如果是在夜间哄宝宝入睡，我们不要把宝宝抱起来，可先开启床头灯，让宝宝看到妈妈微笑的面容。妈妈紧握宝宝的小手，轻拍其后背，这样能有效缓解宝宝的负面情绪，使其更易入睡。

总之，不管哪种宝宝，在其出生后一年内，或者三年内，妈妈多多陪伴，满足宝宝的需要，建立起安全型依恋关系，孩子的心智发展就不会受限。

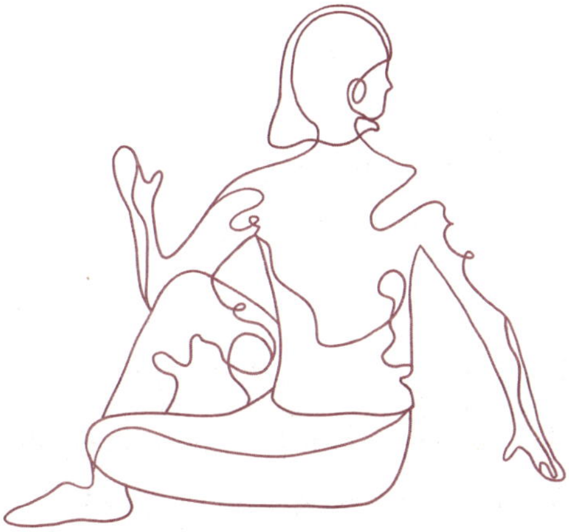

内外向：发挥性格特点

内外向性格无所谓好坏，只是两种不同的性格特点而已。钝感力妈妈善于站到孩子的角度去思考。所以，她们尊重孩子的内外向特点，从孩子出发，为他们创造适合的成长环境。

很多孩子都在学习跳舞，君君也想学。在征求君君的意见后，妈妈就带她去舞蹈班学习了。学了一段时间，君君不想学了。妈妈问："为什么呀？老师觉得你的天赋不错，舞姿优美啊。"君君说："学习舞蹈的小朋友太多了，乱哄哄的，我不喜欢。有的女孩说话特别大声，哈哈大笑，搞得我头都晕了。"于是，妈妈给她换了一个小班上课的舞蹈班，老师一次只教四个小朋友，君君很乐意去学了。可以看出来，这是一位性格内向的女孩，这位妈妈很了解女儿。

心理学家荣格认为，一个人的兴趣和关注既可以指向内部，即内向；也可以指向外部，即外向。这说明没有完全的内向型人格，也没有完全的外向型人格。只是有的人经常表现出外向，有的人经常表现出内向。

心理学家艾森克运用因子分析法，通过对大量数据进行研究后，将所有人格特质归结为最基本的三个维度：外倾维度、神经质维度和精神质维度。外倾维度表现为内倾、外倾的差异：内向的人和外向的人在行为表现上不同。外向的人总喜欢往外跑，热闹的社交场所或者嘈杂的人群，而内向的人寻求独自活动，即使聚会时也喜欢一个人待在安静的角落。在面对同样强度的刺激时，外向型个体心理层面感受到的刺激强度要低于内向型个体感受到的刺激强度。因而，外向型个体比内向型个体可以忍受更强烈的刺激。

外向的孩子喜好交际，渴望刺激和冒险，情感易于冲动。这些特质属于个体的个性心理特性，包括气质、性格、能力、兴趣爱好、需要动机、情绪情感、态度信念等。这些特性一部分来自遗传，一部分来自外部环境的塑造，比如，家庭教育、学校教育、社会教育等。

外向性格的人看起来总是那么精力充沛，对外界充满了好奇心，他们在社交场合，举止利落、活力无限，有一些特别外向的人则视交际为生命，只要有人和他在一起就特别开心，一个人的时候反而会很孤独。

外向的人总是有话题可谈，滔滔不绝。在交谈的过程中就完成了思考，给人一种才思敏捷的感觉。外向的人不避讳谈论自己的事情，喜欢自我暴露，拉近了与他人的距离感。即使还没有开始做的事情，他们都敢于说出来。外向的人大多热爱运动，能较长时间进行某项活动而不感到疲劳。长跑、踢球都是不错的运动选择。

内向的人喜好安静，善于内省，除了亲密的朋友，对一般人缄默冷淡，不喜欢刺激，喜欢有秩序的生活方式，情绪比较稳定。

内向性格的人总是需要一些时间来考虑问题，除非遇到自己熟悉的话题，他们才有可能滔滔不绝地详细表述。如果是一个新的主题，他们则需要花费一些时间来整理自己的思路和观点。尽管内向的人也渴望交往，具有一定的社交技能，但他们会在交往前做好工作，细心了解交往对象的喜好并做好准备，让交往顺利进行。

内向性格的人喜欢一对一地交谈，这让他们感到愉快。如果是群聊，他们会觉得压力很大。因此，他们总是选择某种类型的谈话。这样，他们更能够充分表达自己的意见。

对于不同性格的孩子，妈妈们不妨从以下几点来助力孩子的成长。

不要盲目进行比较

内向的孩子因为能够高度集中注意力，而且具有很强的倾听能力。所以，在课堂上，他们专注地听讲，不会捣乱。如果老师布置了某项预习作业，内向的孩子会一丝不苟地完成。当内向的孩子把较多的时间花在读书、写字、画画、睡觉这些事情上时，父母不要嫌弃，对内向的孩子来讲，运动、读书、睡觉都是积蓄能量的事情，对身心健康大有好处，父母要支持。

而外向的孩子需要较多的刺激来维持大脑的唤醒水平，否则，可能睡着了。所以，他们要动，各种动，啃手指、玩铅笔、捅前后左右的同学、摇晃椅子等。当然，随着孩子的不断长大，随着大脑的发育，孩子的自我控制能力也在不断提升，外向的孩子慢慢也能坐得住，在课堂上，也不会那么让老师大伤脑筋了。但是在刚入学或者三年级以前，外向的孩子很难坐得住。

给予适合孩子的教育

由于内向的孩子天然地具有很强的意志力，当选择做一件事情后，即使遇到了困难，他们也会坚持到底。在学习上，父母不要给内向的孩子施加压力，即使要帮助他们，也要讲策略。

面对同样强度的刺激，内向孩子的大脑唤醒水平高，时间久了，他们会觉得很累。所以，当孩子学习或者做事太久了，妈妈要提醒他们注意休息。

而外向的孩子活泼好动，容易被外界刺激吸引，对于还没有养成良好学习习惯的孩子，父母要多多关注。外向的孩子喜欢热闹，妈妈带孩子逛公园、庙会，或者出门旅行的时候，需要多花费心思，以免孩子被有趣的事情吸引过去，回头就找不到妈妈了。

引导内向孩子和外向孩子交朋友

哈尔滨体育学院教授、研究生导师陈德明表示，运动可以培养孩子的性格。对于性格内向的孩子，家长可以选择某一种或几种相对应的运动来改变孩子的性格。

胆怯的孩子天生胆小，性格腼腆。参与滑雪、拳击、游泳、滑冰、摔跤等运动，有助于克服内心的恐惧。这些运动如果失败就可能导致受伤的后果，能逼迫自己战胜困难，勇敢无畏。

内向的孩子有一个短板，就是不喜欢热闹的场所，而且人多了、玩的时间长了，他们会感到累。这样的性格特点使得他们错失了很多交友的机会。但是，外向的孩子则视交际为生命，只要有人和他在一起就特别开心！妈妈带孩子走出家门，去广场玩儿，只要看到有孩子，不管认识不认识，他们都能兴高采烈地跑过去，一会儿就玩儿到了一起。

此时，内向孩子的妈妈不妨告诉自己的孩子，有孩子跟你玩儿，你就玩儿，玩累了，就跟对方说："我休息一会儿，你们先玩儿。"

❤ 为内外向的孩子创造一对一的玩耍机会

为孩子选择一个比较舒适的环境，家里或者距离家比较近的公园里，带上零食和饮品，让两个孩子一起坐坐，玩儿一会儿，一个喜欢说，一个喜欢听，环境好、心情好，外向的孩子说累了，就想听听内向的孩子说，此时内向的孩子就有机会表达自己的观点了。

阶段性发展：不同的成长阶段有不同的成长任务

钝感力妈妈以从容大气的态度，面对孩子，面对教养，她们底气十足。她们的底气来自她们能够站到高处面对孩子的成长，善于学习科学的教养知识。科学的教养知识能够助力孩子的成长。

妈妈带明明去看望姥姥，姥姥做了明明最喜欢吃的红烧肉，明明开心极了，不停地说："谢谢姥姥，谢谢姥姥。"

姥姥打开冰箱，找肉，明明也进到厨房，他戴上塑胶手套，手脚麻利地从餐厨里拿出一个中型盆，接了一盆水，放到橱柜上。

姥姥从冰箱里拿出一块五花肉后，看到外孙在等自己，脸上乐开了花，说："明明，你都接好水等姥姥了？太懂事了。"

明明点点头，说："应该的嘛。姥姥给我做喜欢吃的红烧肉，我应该帮忙啊。"

姥姥对明明赞不绝口，对妈妈说："这孩子，不随你，比你那时候勤快多了。"

妈妈说："您还说呢，都怨你，我在这么大的时候没有培养我勤于做事的习惯，才使得我懒惰了那么多年。那时候，您还嫌弃我穿袜子穿不好，还说我手太笨。每次您都给我脱下来，然后重新给我穿上。随后，我就故意穿不好，等着您给我穿。您说，是不是您耽误了我？"

姥姥大笑着点点头，说："当妈妈，我女儿做得比我好。"

妈妈说："是啊，明明3岁的时候，自己穿衣服，穿反了，我都夸奖说，明明会自己穿衣服了，真棒！然后，给他时间，教他正确的穿法，没几次，他自己就学会了。"

与姥姥相比，明明的妈妈更懂得如何教养孩子。她认真学习了教育心理学理论，在培养明明的社会化能力方面，她参考了埃里克森社会发展阶段理论。

著名心理学家埃里克森把个体心理发展分成了8个阶段，每个阶段都包含两个对立的、相互斗争的特定心理社会任务。埃里克森认为一旦某一阶段的特征危机得到积极解决，在个体人格中就会形成一种积极的品质。同时认为前一个阶段任务的顺利完成会为下一个阶段打下基础。

❤ 0 ~ 1 岁信任对怀疑

在0 ~ 1岁，埃里克森认为，这一阶段婴儿的成长任务是发展信任感，克服不信任感，体验到希望的实现。这个阶段的婴儿对成年人的依赖性很大，如果关爱者能以慈爱和持续稳定的方式来满足婴儿的需要，婴儿就会形成基本的信任感；如果关爱者经常拒绝婴儿的需要或以变化无常的方式来满足他们的需要，婴儿就会形成不信任感。

宝宝出生以后，在他们的意识里，他们与世界浑然一体，世界受他们支配，父母是世界的缩影，妈妈要无条件地服务于宝宝的需要。宝宝需要妈妈陪在身边，摸摸他们的小手，亲亲他们的小脸儿；尿了，及时换下湿衣服；饿了，喂饱宝宝的肚子；特别是宝宝睡醒之后，他们更渴望看到妈妈的笑脸。妈妈亲亲宝宝，抱抱宝宝，跟宝宝说说话，在宝宝的意识里，这些都是对他们的关心，会让宝宝觉得这个世界很友好，因此，他们会信任这个世界，以乐观的态度面对这个世界。

❤ 1 ~ 3 岁自主对羞怯

在1 ~ 3岁，埃里克森认为儿童的主要成长任务是获得自主感，避免怀疑感与羞耻感，体验意志的实现，并形成意志品质。意志指的是不顾不可避免的害羞和怀疑心理而坚定地自由选择或自我抑制的决心。

在1～3岁，儿童的社会化迅速发展，表现在心理方面，在两三岁的时候，自我意识基本形成，他们有了强烈的自我意识感。在他们心中，自己已经是个独立的个体，也掌握了大量的技能。所以，他们认为自己能做很多事情，能够影响外界环境。长大感促使宝宝要表达独立，竭尽所能地表达自己的意愿。

在生理方面，埃里克森认为，排泄训练是这一时期一种重要的社会情景，它可能使儿童形成一种自主感，也可能使儿童产生羞怯、自我怀疑。这个阶段的儿童开始学会对自身身体的控制和大小便排泄的技能，因而使儿童介入自己意愿与父母等养育者意愿相互冲突的危机中。

如果这一阶段的危机得到积极解决，儿童就会形成意志品质，成年后倾向于坚强、独立、克制、自律等人格特征；如果这一阶段的危机被消极解决，儿童就会形成羞怯感，成年后倾向于意志薄弱、依附、随意、敷衍等消极的人格特征。

3～6岁主动对内疚

在3～6岁，是儿童的心理社会发展阶段，埃里克森认为儿童的主要成长任务是获得主动感，克服内疚感。他们在日常行为中体验着“目标、目的”的实现，会有很高的价值感。在现实生活中，这种主动感和内疚感的冲突构成了这个阶段的心理社会危机，解除危机的最好方法就是支持孩子去获取主动感。

如果这个阶段的危机得到积极解决，就会形成“方向和目的”的品质，成年后的人格倾向于自动自发、计划性、目的性、果断等积极的人格特质；如果这一阶段的危机是消极解决的，没有获得价值感，孩子就没有勇气去设想和追寻目标，而是常常因为内疚和害怕而止步不前。

❤ 6 ~ 12 岁勤奋对自卑

根据埃里克森的心理社会发展理论，小学生正处于获得勤奋感、避免自卑感的阶段。在这一阶段应当鼓励孩子努力获得成功，让孩子去做他们能做和应该做的事情，这样他们在积极的行动中，会相信自己是有能力的，面对一项任务能够积极地去努力，充满成就感。如果我们不能在小学阶段培养起孩子的勤奋精神，那么孩子就会比较懒惰，在学习上懒得动脑，在生活上懒得做事，与同学交往也不积极主动，他们体验不到勤奋做事的快乐和满足感。于是，他们便觉得懒惰是一件让自己舒服的事情，慢慢地，便习惯了不出力、不动脑、不争取、不领跑、不享受成功。于是，他就成了一个没有追求安于现状平庸的人。

❤ 12 ~ 20 岁青春期

12 ~ 20 岁是孩子的青春期，这一阶段是孩子从童年向成熟迈进的重要转折点。青春期的孩子会反复思考“我是谁”“信守什么”“将来会怎么样”。在这个年龄段里，青春期的孩子必须塑造起稳固的社会与职业认同，达到个人内部状态和外部环境整合协调一致的状态，否则他们就会对自己成年的角色感到困惑。

那么，如何实现这样一个成长目标呢？概括来讲，孩子除了要接受学校教育、参与一些社会活动，在家里还需要有尽可能多的机会展现自我，提高生活技能。父母要接纳孩子的不成熟，不和孩子较劲，在确保安全的前提下给孩子更多的自由，帮助孩子经历爱与限制。在这个过程中，孩子看懂自己，看清自己的当下和未来。

不同的年龄阶段具有不同的成长任务，不同的成长任务带给孩子不同的品质发展，当前一个阶段的成长任务顺利完成，会给下一个阶段打好基础，确保下一个阶段能够顺利完成成长任务。

有益的钝感是一种才能，一种让人们的才华开花结果、发扬光大的力量。

面对叛逆：如何无为而治

如果说钝感力能大幅提升妈妈的幸福感和成就感的话，那么，对于青春期孩子的妈妈来讲，钝感力简直就是她们攻克青春期孩子叛逆的法宝，不仅可以减少亲子冲突，还可以助力孩子平稳度过青春期。

为什么这么说呢？不妨看看下面这个故事。

下班回到家，妈妈看到儿子正在打电话。

“喂，我要求你们，把快递送到我家门口，不要放到快递驿站。不然，我就投诉你。”

又要投诉快递员？

妈妈已经领教过了，已经有一位快递小哥因为儿子的投诉不再把快递包裹放在快递驿站，而是送到家门口来了。

妈妈恨不得抢过电话，安慰快递小哥几句。

快递小哥风里来雨里去，把包裹送到千家万户，放到快递驿站可以减轻他们的工作量，快递驿站就在小区里，大家回家的时候，顺路就带回来了，这也是表达爱心的机会。

儿子本不是自私的人，不知道怎么回事，就跟快递小哥干上了。他觉得，这是他们的职责所在，就应该保证服务质量，上楼，送到家门口。

妈妈心疼快递小哥，为了避免快递小哥被儿子训斥，妈妈都会第一时间去拿快递，可是，今天，晚了一步，就被儿子投诉了。

看着拿着电话申诉消费者权益的儿子，妈妈什么也没说，直接去做家务了。

这位妈妈面对叛逆的孩子，为什么能够泰然处之，使得孩子这桶准备燃烧的炸药能自然熄灭呢？

因为这位妈妈具有钝感力，她们了解青春期叛逆的特点，能够快速识别青春期表现，但又钝感于接招，给孩子变化的场域，让孩子自由成长。

了解青春期叛逆的原因

先大致了解一下青春期孩子的叛逆。

进入青春期后，大多数孩子会一改往日的温顺、合作的性情，变得大胆、不听话。青春期孩子的叛逆大多表现为：会违抗父母的意愿，与正常的做法相反，做出出人意料的事情，和大人对着干，挑战规则和权威，莫名其妙地发脾气等。

青春期是从儿童到成年人的过渡期，这就导致了这个阶段的孩子兼具儿童和成年人的特点。进入青春期后，他们体内的激素分泌增加，比如，甲状腺素、肾上腺素、胰岛素、性激素等，使得孩子的身体快速生长和第二性征发育，而心理发展却远远落后于身体发展，导致了情绪上的不稳定性。他们在价值观、意见、观点等方面不稳定，令人难以预测。但是，成长却要求他们必须搞清楚“我是谁”“信守什么”“将来会怎么样”，这样他们的心理才能走向平衡。这就让他们进入了一个内心充满矛盾的剧烈变化的阶段，来自身体、心灵、社会的相互影响导致青春期的孩子内心冲突比较多，仿佛陷入一场混乱的心理变化的风暴中，既存在着依赖性，又因为独立性增强而向往自由；既渴望交往，又有内心的闭锁，拥有性好奇又因为道德约束不得不压制；既要不断地探寻理想又不得不面对现实的迷茫。

青春期的孩子迫切希望处理好这些矛盾的心情，他们努力探索，试图看清身体的变化、心理的成长。要成为一个真正的大人，就必须战胜这些有冲突的渴望，而战胜的能力需要在战胜的过程中建立，对于一名处于成长中的战士来讲紧迫感很强。所以，他们着急、焦躁、痛苦，内心处于一种极度不平衡的状态中。

知悉青春期叛逆具有自限性

只要有人在孩子青春期以前用疾病不治而愈的自限性来比喻青春期的自限性，青春期的各种表现，叛逆、乖张、暴躁、迷茫、消沉、轻狂、懵懂等，发展到一定程度，并持续一段时间后，便会自动消除，整个人将会变得明媚和谐起来。

青春期孩子的叛逆情绪、行为不会逾越法律的界线，只是在常理的范围内闹腾，这是青春期叛逆的鲜明特点。成长是一个连续的过程，前一个阶段做得好，不留下任何隐患，到了青春期，好的成长还会延续。

但是，有一种叛逆，并不是自限性的。这种叛逆就是出现在青春期的关乎品行的、对未来可能造成危险结果的行为，被称作“非青春期叛逆”。这类孩子的行为如果没有得到及时干预，孩子就会处于危险当中。“非青春期叛逆”的表现不是正常发展，可能是在“学坏”或者已经“学坏”了，关乎品格，妈妈需要严加管教。

钝感力妈妈不抓狂

当孩子进入青春期后，妈妈要收住护孩子的双翅，孩子已经不愿意再钻到你的翅膀下，享受你的保护。如果此时你还拿孩子当小孩儿，他会认为你小瞧他了，会因此而反抗，甚至远离你。妈妈更不要干涉孩子的行为，那样孩子会愤怒。妈妈要多多理解、信任自己的孩子，做个心系孩子置身事外的旁观者，看清孩子的情绪，控制好自己的情绪，否则，很容易被孩子代入情绪，进而卷进一个混乱的情绪场中。

在一定时期内，对青春期的孩子来讲，如果得不到身边人的理解，甚至还要承受来自各方面的压力，他们的内心会有很强的挫折感，行为显得不友好、不合作、蛮横、执拗。这个时候，钝感力妈妈知道孩子的这些表现源于内在的冲突，是成长现象，不会觉得自己的孩子不听话、无理取闹，更不会认为是在和父母较劲，会给予其充分的理解和接纳。

所以，面对孩子的叛逆行为，钝感力妈妈不会抓狂，也不会假想孩子会做出高危行为，伤害自己甚至伤害他人，更不会患得患失地担心孩子一时冲动而触犯法律。她们会坚守自己做个好妈妈的原则，给予孩子支持，但保持跟孩子的距离，不让孩子觉得自己被干预了；鼓励、赞赏孩子，让孩子更加充满自信。那么，整个青春期也会是一段刺激而欢乐的旅行。

第三章

“得意忘形”与“得寸进尺”

钝感力妈妈就是希腊神话中那个感动了爱神的皮格马利翁国王，她对自己的孩子有着美好的期许和积极的暗示，她施展自己的魔法，不断地赞美、夸奖、赏识孩子，结果，孩子成了妈妈最大的惊喜。

钝感力妈妈“得意忘形”，孩子喜获“得寸进尺”

钝感力妈妈是用放大镜去看待孩子成就的，她们打着赞美的旗帜，对孩子说：“这么有难度的题目，你都攻克了，有前途！”“这孩子做什么都能找到方法，看这衣服洗得，干净得像新的一样。”孩子听了妈妈赞赏的语言，自信心大增。

晶晶是一名四年级的女孩儿，在妈妈眼里，晶晶特别优秀。其实，明眼人都能够看得出来，身边的孩子都各有所长、各有千秋，晶晶不比任何一个孩子更优秀，只不过，别的孩子的父母更低调而已。

最近，有几个孩子参加了作文比赛，都取得了很好的成绩，晶晶也一样。

但是，晶晶妈妈的反应较大。

她捧着女儿的作文，看了一遍又一遍，不断地从不同的角度赞美。

晶晶的文章里有一段话：“春天穿着绣花鞋走了过来，我走上前，想给她一个拥抱，但是，她走得太快了，是忙着去更多的地方播撒希望了吧。看那一丛丛嫩绿的小草，是她踩过的脚印；那一树树粉红色的杏花，是她不小心掉落的披纱；蓝蓝的天空下飞过的一排排大雁，是她的好姐妹。”

妈妈说：“啧啧，写得太好了！妈妈都不敢相信这么好的句子，竟然是我女儿写出来的。来，过来，妈妈看看，这么丰富的想象力藏在了哪里，要好好发展，我女儿定然文笔斐然！”

晶晶听着朗读，眼睛里充满了自豪，问妈妈：“写得怎么样？”

妈妈说：“太好了，非常有想象力。”

晶晶说：“妈妈，谢谢您，上次带我去踏青，我才写出了这篇文章的。”

妈妈说：“好闺女，妈妈以后多带你到处走走。对了，闺女，一定要多写，一天一篇，时间不够，就一周一篇，要不一个月一篇，随你啊。”

妈妈继续说：“熟读唐诗三百首，不会作诗也会吟。”因此，妈妈经常带晶晶去逛图书馆、图书大厦，在那里，晶晶喜欢的书，妈妈都会毫不犹豫地为她购买。

晶晶无比开心，坚持写作，坚持读书，写作水平越来越高了。

钝感力妈妈表扬孩子，对孩子提出期待，对孩子的行为能够起到巨大的鼓励作用。那么，如何来做呢？不妨试试下面的方法。

❤ 用赞美的语言提升孩子的能力

妈妈赞美孩子的某一种成就或者某一个行为，把孩子的成果展示出来，给予肯定，不仅能够增强孩子的自信，还使得孩子相信自己的能力。

美国心理学家詹姆士说：“人最本质的需要是渴望被肯定。”作为教育智慧的“哄”，说到底，就是尽量满足孩子的这种“渴望被肯定”的心理需求，使孩子产生欣慰、幸福的心理体验，从而增强荣誉感、自信心和上进心。

当孩子做了一件事情，或者有了好的表现后，妈妈赞美孩子做得好、有一定水平，孩子的满足感增强，继续做下去的动机就更旺盛了。接下来，孩子会更用心地去做。

妈妈赞美孩子切忌假大空，要恰如其分、点到为止，这样，切合实际的赞美更符合孩子的期待，孩子会觉得妈妈理解自己，这种赞美是发自内心的认同，滋润了孩子的心田，孩子更愿意做下去。

我们来看一下下面这个故事。

妈妈送给肖彦两支有卡通图案的自动铅笔，肖彦自己用了一支，另一支放进了书包里。肖彦的好朋友红红来家里写作业的时候，妈妈看到红红也用着一支同样的自动铅笔。这样的铅笔在这个城市里还没有卖的，妈妈猜到是女儿送给了红红一支。

有一天，一家人在一起聊天的时候，妈妈说：“我们的女儿懂得怎么与朋友真诚相处了，这一点我很欣慰！”肖彦听了妈妈的话，心情放松了许多。

因为她一直在担心自己把那么好的自动铅笔送给了红红，妈妈会不理解，没想到妈妈很赞成自己的做法。

苏联教育家苏霍姆林斯基说："任何一种教育现象，孩子在其中越少感觉到教育者的意图效果越好。"赞美孩子也一样，不要话一出口，就让孩子觉得父母的赞美带有一定的目的性，而要含蓄一些、随意一些。

"你那么擅长写作，就再写一篇作文吧。"第一次这样说，孩子可能会中圈套，如果每天都是这种话，会令孩子产生狐疑心理，他们会想，我哪里擅长写作了？我擅长写作吗？我凭什么还要再写一篇？

❤ 用赞美的语言让孩子心情愉悦

赞美的话语使得孩子心情愉悦，有助于孩子形成积极的心理定式，无论处于哪种情况、哪种境况，都能够调动起内在的积极因素。

近年来，许多文献研究表明，人体有两种基本的情绪系统，即趋近系统和退缩系统。趋近系统促进欲求行为，并产生与趋近有关的积极情感，如愉快、兴趣等。积极情绪传递的是安全的信息，所以，能够帮助我们抓住时机为我们提供机会。人们对积极情绪采取的内在反应不是限制了选择范围，而是扩大了选择范围，指引人们参与增强行为和认知能力的活动。

退缩系统帮助有机体从厌恶刺激源撤退，或调节对危险信号的适当应对，诱发产生与撤退有关的消极情绪，如厌恶和恐惧等。当感受到消极情绪时，一个人的反应选择会变得狭窄，会匆忙地躲避危险。

所以，面对孩子的进步与成绩的时候，与其心里高兴面上不露声色，或者以谦虚的态度面对他人，不如稍稍表达出自己的欣喜若狂。妈妈得意的笑容能让孩子感受到自己努力带来的满足感，能推动孩子继续进步。

留给孩子积极的情绪记忆

钝感力妈妈具有较强的情绪控制能力，即使遭遇不公平的待遇、事业不顺利、孩子不听话也不会失去理性，更不会唠叨、抱怨，在孩子面前依然能够保持平静、温和的态度。所以，留在孩子记忆里的永远是妈妈那张慈祥的脸。

人是有记忆的动物，因为有记忆，在不断地学习和成长的过程中，人会逐渐地褪去青涩，变得更加富有智慧。记忆使得人类有了自我反省的机会，为了成为更好的自己，人类不断地摒弃不良行为，养成良好的行为习惯，让自己的道德品质更加高尚。

但是，并不是所有的记忆都能够带给人成长的快乐，有的记忆会让人的心情变得很糟糕。这是因为人的大脑里储存着各种记忆，被称为“情绪记忆”，这些记忆即使已经深埋于意识深处，但是还会时不时地浮上来，影响当下的心情。

下面我们来看这个故事。

慧慧给妈妈打电话，告诉妈妈快递到达的时间，让妈妈留意快递员的电话。

这本是件好事情，可妈妈一句四声调的话，让慧慧的心情极度不愉快。原来妈妈对慧慧说：“你怎么又买东西呢！家里什么都有，我又不吃，唉，真是的！”

每次听到妈妈的话，慧慧的情绪都会降到冰点乃至零下。

虽然她一次又一次地告诉自己要克制，要包容妈妈，可是，心情难免低落。

在童年的记忆里，妈妈就是妈妈，没有温情，没有柔声细语，没有呵护，更多的是咬着牙训斥她，有时还会挖苦讽刺。

小时候，慧慧拿着考了100分的试卷，给妈妈看。当时，妈妈正兴高采烈地跟村里人聊天，见到慧慧，她收住微笑，抬了抬眼皮，冷冷地说："去吧，写作业去吧！"

沙包破了，慧慧拿出针线，仿照大人的样子，自己缝上了。缝上后，里面的谷粒就不往外掉了，可以继续玩了。慧慧拿过去给妈妈看，妈妈看了看说："真够笨的，怎么这么难看啊？"慧慧难过极了，她希望妈妈帮她缝一下，但是，妈妈丢下这句话，就出去串门了。

虽然在别人眼里慧慧已经非常懂事了，可是，在妈妈眼里，慧慧很傻，总是做错事，不遂妈妈的心。

每一次和妈妈沟通之后，慧慧的心情都很不好。妈妈总会说出一两句话刺痛慧慧的心，让她很难过，甚至忍不住泪流满面。

慧慧千百万次地告诉自己不要和妈妈吵，要无条件地包容妈妈，为什么还是做不到呢？为什么一接触就是妈妈当年生气的脸和训斥自己的声音呢？为什么不管怎么努力都忘不了这些痛苦的记忆呢？因为童年的情绪记忆，特别是来自父母的记忆，已经成为父母的标识，它们会伴随着父母一起出现。

面对上面的情况，妈妈们应该如何来做呢？不妨看看下面应该注意的地方，以便妈妈们做出改正，让亲子关系融洽。

妈妈以负面情绪面对孩子，孩子面对妈妈也高兴不起来

心理学上有个著名的实验，是巴甫洛夫研究狗的消化腺分泌实验。这个实验得出了刺激—反应的结果，被称为经典条件反射。在当时，这是日常实验研究中的一个意外的收获。

实验开始前，巴甫洛夫先确认了狗看到食物会分泌唾液这一个无条件反射。接下来，他在给狗食物前，摇铃。也就是说，食物会跟着铃声一起出现。此时，食物和铃声有了关系。后来，巴甫洛夫只摇铃，不给食物，他发现，

狗照样流唾液，这就是条件反射。

在整个实验过程中，巴甫洛夫把铃声这样一个中性刺激变成了条件刺激，狗学会了听到铃声就流唾液。之所以会出现条件反射，就在于铃声在食物出现以前出现，或者和食物一同出现。狗意识到，铃声是食物出现的信号。一个中性刺激与一个引起反射性反应的刺激配对出现，在经历多次之后，当中性刺激发生后，即使引起反射反应的刺激没有出现，也会出现反射性反应，这就是条件反射。发生条件反射是个体学习的过程。

当在跟孩子说话、讲事情或者日常相处的过程中，父母如果习惯性地冷脸，没有笑容，声音冷漠，甚至训斥、挖苦、讽刺，这样，孩子不仅感受不到温情，还会很害怕甚至憎恨或者不服气。那么，父母这个本该温情或者中性的存在一旦出现，孩子就会出现条件反射，感到不舒服。

以积极情绪面对孩子，让孩子快乐成长

在大自然中，通过经典性条件反射，有机体学会把一个无关刺激变成有关刺激的信号，从而可能根据某些信号来辨别周围世界，知道外界环境中事物和事物之间的关系，得以预见并趋近有益的刺激并避开有害刺激。所以，经常被父母训斥的孩子不愿意与父母沟通，甚至不想见到父母或者对父母怀有恨意。

当妈妈嘴里的抱怨、唠叨、丧气话反复刺激孩子后，妈妈就成了一个会带给孩子负面刺激的形象，孩子当然要躲避、排斥。有这样的妈妈，孩子的内心世界一定是凄苦无比的，一路走来，孩子的人格建构、性格形成也一定不会是顺遂、温暖的。

相反，如果孩子在家庭里是吸着爱的琼浆成长的，父母温柔、体贴，无条件地接纳他们的行为，孩子就会把信任和依恋建立在父母身上，可能刚开始只是跟妈妈特别亲密，但是随着不断长大，父亲也成为家庭情感同盟里的一员，孩子的心归属于家庭，就像向日葵永远向着太阳一样，从父母那里他

们获取的是成长的生机和活力。

当孩子见惯了父母的微笑，听的是父母的谆谆教导，无时无处不感受着父母的爱，父母一出现，孩子就会出现条件反射，内心充满了期待。

有了开心的事情，父母的出现会带给他们愉悦、快乐、甜蜜的感受；即使犯了错误，他们也不会躲避，更不会担心父母责骂，而是期待父母给予指点，甘愿接受惩罚，因为他们知道，来自父母的教导会给自己的成长带来自信。

我要微笑着面对整个世界，
当我微笑的时候，全世界都在对我笑。

引导孩子飞速进步

钝感力妈妈不是口若悬河的人，但是，她们拥有一种从孩子的表现，看向孩子未来的能力，并能大胆地讲出来。虽然不是所有的梦想都能实现，但在孩子心中，就是实实在在能够到手的面包，这样的梦想具有很强的推动力，能引爆孩子的学习热情。

南非第一任黑人总统曼德拉小时候经常听村里的老爷爷讲白人如何侵占他们的家园的故事，想想黑人至今还被白人欺负，曼德拉的心中就会燃起熊熊怒火。

一天，曼德拉放羊回来，看到一个放羊的黑人小孩儿，因为弄丢了白人的羊，而被白人用鞭子抽。看着可怜的黑人小孩儿，曼德拉从自己的羊群里挑了一只小羊补偿给了白人。虽然曼德拉很发愁回去后怎么向父亲交差，但是心里还是很快乐的。

他没想到的是，回到家后，爸爸还鼓励了他。爸爸告诉他，黑人兄弟是一家，就应该团结起来，建设属于自己的幸福家园。

从那以后，曼德拉就下定决心要为民族解放事业做出贡献。有了这样的伟大理想后，他的心中就再也没有放下过黑人兄弟。

目标对行动有超强的推动作用。正是因为曼德拉心中装着黑人兄弟，他才以超人的毅力在度过 27 年的监狱生活后，当选为南非第一任黑人总统。

显然，曼德拉的成功动机被激发了出来。小时候，爷爷就让他了解民族被侵占，被不公平对待的事情，激发了他的爱国情怀。后来，他有了爱护自己同胞的行为。这些同样源于父亲从小就给他种下的为民族解放事业奋斗的信念。研究表明，具有成就动机的人参加任何活动总力求取胜；喜欢接受挑战；面对挫折和困难表现出极大的韧性和毅力，不达目的誓不罢休。

什么能激励孩子积极进取，并使其飞速进步呢?

成功教育理论认为:“学生的学习动力，首先来自成功的期望及由这种期望产生的激励力量，成功期望是一种潜在的动力。”

著名科学家钱伟长先生，曾经是一个文科生。他当年高考中文和历史都是100分，让人惊叹！但物理只有5分，数学、化学共考了20分，英文因没学过是0分。钱先生却仍被当年的清华大学录取了。钱先生进入历史系的第二天，震惊中外的“九一八”事变就爆发了，钱先生拍案而起：我不读历史系了，我要学造飞机大炮！虽然历经周折，钱先生还是成功转系。中国少了一个历史学家，却多了一位科学大师。

孩子成功的动机越强烈，调动起来的促使成功的因素就越多，力量也就越大，越容易成功。入学以后，孩子难免贪玩，这个时候，父母帮助孩子认识到学习能给自己带来好处他才会对学习这件事充满期待，渴望掌握知识，并获得好成绩。很多孩子不喜欢学习，就是因为家长在教育孩子的过程中，管得过多，从而导致孩子错认为学习是为了父母。

作为父母，我们应该如何做才能引导孩子飞速进步呢？希望下面的建议对你有帮助。

把爱的教育放在首位

意大利人文主义作家薄伽丘说:“真正的爱情能够鼓舞人，唤醒他内心沉睡着的力量和潜藏着的才能。”

有爱心的人都知道，这个世界并不是围绕着他们转的，也不可能围绕着他们转。所以，在行动之前，他们会考虑自己的行为对周围会造成什么样的后果，他们崇尚的是好的后果。

诺贝尔和平奖获得者特蕾莎从小就被灌输天主教教义，爱的种子在她幼小的心田中慢慢孕育、发芽、成长。15岁，她报名参加了去印度接受传教士的训练活动，妈妈不希望她从事辛苦的传教工作，但是特蕾莎坚持要去，妈妈最终被她的执着感动，还派姐姐一起前去照顾她。

巴甫洛夫的父亲是一名神父，他希望儿子学习神学救赎人们的灵魂。可是当孩子对生命科学表现出了极大热忱的时候，他深思熟虑后还是同意了儿子的选择。

当巴甫洛夫把放弃神学的想法告诉父亲的时候，父亲很耐心地倾听了巴甫洛夫的理由。父亲问他：“你想学习什么呢？”

巴甫洛夫说：“我特别想知道人体的构造是什么样的。”

父亲问：“你想当医生？”

巴甫洛夫摇摇头。

父亲更好奇了，问：“那你为什么要知道人体的构造呢？”

巴甫洛夫说：“为了帮助人。为了使人类变得更健康、聪明和幸福。”

一个孩子拥有如此博大的爱，即使父亲是一位神父，最终还是尊重了孩子“科学助人”的梦想。

爱是形成健康人格的首要因素。当孩子心中孕育大爱时，他们的视野将变得高远，心胸亦随之宽广，思考的范围自然延伸至全世界。

设立让孩子感受至深的高远目标

让孩子深有感触的事件，往往能够激发他们的学习动力。

我们来看下面这个故事。

妈妈带科科去圆明园玩儿。

在参观十二生肖博物馆的时候，妈妈说：“英法联军攻入北京后，圆明园遭受了前所未有的浩劫，无数珍宝被掠夺一空，12 兽首也从此散落天涯，虽然现在有些已经回到了祖国，但羊首、蛇首、鸡首、狗首至今仍下落不明。这是国家伤痛与民族耻辱的见证。”

听到妈妈的话后，科科很生气。

科科和妈妈来到圆明园遗址大水法，看到大火后留下的残垣断壁，想到残忍的英法联军烧毁了108座园子中的107座木质园林，这令人无比心痛。

科科问妈妈："英法联军，抢走了那么多国宝，还要烧掉园子，这些外国人太坏了！"

妈妈说："努力吧，只有祖国强大，科技发展，恶势力才不敢欺负咱们。"

科科意味深长地点点头。

父母引导孩子努力，可能是为了让孩子报答父母的养育之恩，也可能是让家庭有个美好的未来，让孩子更有前途。但是，都不如为整个民族、为祖国、为人类的进步而努力带来的动力更强烈。

所以，妈妈引导孩子参观爱国主义教育基地，阅读中华民族发展史，不仅有利于孩子把自己的发展与祖国的荣耀联结在一起，更能激发孩子奋发努力的斗志。

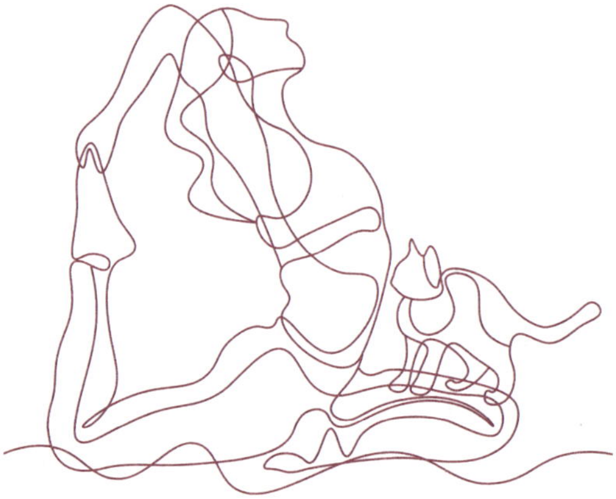

激发孩子的自豪感

钝感力妈妈非常擅长在孩子取得成绩的时候，放大他们所做事情的难度系数或者赞美所做事情的美好，使得孩子在获得成就感的同时，也增强了自豪感。当常常感受到自豪感的时候，孩子就会产生积极的自我概念。这样的孩子，能够建立起自尊、自信。

宁宁是一名三年级的小学生。说实话，她就是一个很普通的孩子，在学习上，还常常转不过弯儿来。为了让女儿不因为自己的表现而感到羞愧或者内疚，妈妈常夸奖女儿。

宁宁写完作业。此时，妈妈正在帮助她检查。

宁宁问妈妈：“妈妈，我全做对了吗？”

妈妈看着女儿期待的目光，不忍心说出有一处错误。

于是，妈妈说：“我女儿今天表现得很好，自己主动完成作业，而且，只有一点儿小小的错误，改了吧。妈妈记作 100 分。”

宁宁仰起脖子，满脸的喜悦，为能管住自己而感到自豪。

宁宁改完了，再次交给妈妈检查。

妈妈说：“这么快就改完了，很棒！不过，下次最好一次性就做对，好不好？”

女儿信心满满地点点头。

这样，在家里把错误改正了，到了学校里作业就是优秀，孩子就会有自豪感。

在心理学上，自豪被定义为因引起积极结果而获得声望，即支持了自我概念中积极的一面时感受到的情绪。

有一项心理学研究，研究人员让被试者完成两项任务，第一项是独立任务，第二项是团体任务。在完成第一项任务后，研究者私底下告知某几个被试者（随机抽取）他们表现得非常好。在团体任务中，那些相信自己在任务一中表现得很好（且不管是对还是错）的被试者在团队活动中起到了积极的作用，他们在所在的团队中也更受队员的喜爱。显然，基于真实的（或感知到的）成就导致了更多的成功。

当一些好的事情发生时，孩子会感到自豪；当感到自豪的时候，孩子会认为自己做了一件好事，并因此获得了好的声望，这件好事巩固了孩子积极的自我形象，让孩子感到满足，建立或者巩固了自尊和自信；当遇到事情的时候，如果是一件好事，孩子就会更有信心地去完成。

由此可见，当孩子在学习过程中不断感受到自豪感时，他们就会对学习更加充满热情，觉得自己有能力完成得更好，因此他们会更主动地去完成学习任务，更愿意接受具有一定难度的学习任务的挑战。

在学习中，如何才能激发孩子的自豪感呢？

❤ 激发孩子的民族自豪感

妈妈带领孩子广泛阅读优秀的中国历史文化作品，学习中国历史，了解在中国几千年的文明进程中伟大的创造与发明，知悉中华民族反抗外来侵略、捍卫国家主权方面的坚定立场和为此做出杰出贡献的民族英雄，以及在和平年代为了祖国的繁荣昌盛不懈奋斗的社会各界人士，比如，科学家、企业家、政治家等。孩子对祖国历史和文化了解得越多，产生的民族自豪感就越强，为了祖国努力奋斗的热情也会越高。

带孩子参观博物馆，带孩子去看祖国的大好河山，让孩子触景生情，在感受祖国文化博大精深和大好河山广博壮阔的同时，更能激发民族自豪感。

❤ 发挥知识的力量

孩子学过的知识是有用处的，当知识发挥作用的时候，孩子会因此而自豪。

父母可以给孩子创造使用知识的机会，比如，让孩子帮忙照顾弟弟或者妹妹，弟弟或妹妹会跟他很亲，这个结果就会让孩子感到自豪。

妈妈再表扬表扬，“弟弟妹妹喜欢跟你玩儿，都不愿意跟妈妈玩儿了”。孩子听了，会更加自豪。

妈妈鼓励孩子给同学或者弟弟、妹妹讲故事或者讲题目，在这个过程中，孩子会因为成功地输出了知识而感到自豪。

爷爷、奶奶老了，眼睛花了，一些商品的使用方法、旅行路线、药物使用、乘车路线等的字很小，他们看不清，让孩子给他们读读、讲讲，孩子会因为帮助了他人而自豪。

❤ 从细微处激发孩子的自豪感

无论孩子多大，在哪个班级学习，有可能是第一名也可能不是第一名，当第一名的光环属于别人的时候，其他人也不会因此就失去了闪光的机会。

此时，父母不要总是把成绩好的同学的名字挂在嘴上，说什么人家怎么样，而是，要寻找自己孩子的每一分进步与努力，并给予其肯定。当然，这需要父母对孩子的学习情况达到真正的了解，知道他对知识的掌握情况、擅长什么、不擅长什么、对什么感兴趣、对什么有畏难情绪等。

❤ 参加考级或者竞赛

即使在小学阶段，也会有很多形式、内容的考级或者竞赛，选择孩子正在学习的项目或者比较擅长的项目去参加，通过严格的选拔，孩子获得的成绩会让其感到自豪。

在培训与学习的过程中，大人要秉持尊重孩子的意愿，不施压、不打压的原则，选择孩子喜欢的项目，尽可能地激发孩子的学习欲望。这样，孩子获得的自豪感就会更强。

妈妈不要认为只有学习上的挑战才能激发孩子的自豪感，体育方面、音乐方面、绘画方面的成就也能激发孩子的自豪感。总之，只要孩子在做事的过程中取得成就，提升了自我认识，就能触发孩子的自豪感。

实现了皮格马利翁效应

对于孩子，有钝感力的妈妈心中总是充满期待，她们相信自己的孩子行。于是，她们看向孩子的目光里充满了期待，对孩子说的话总是积极、向上的。于是，妈妈就成了古希腊神话中的那个皮格马利翁。

传说塞浦路斯有一位擅长雕刻的国王，名叫皮格马利翁。由于一出生就被母亲抛弃，又遭遇初恋情人的背叛，皮格马利翁发誓终身不娶。

有一天，皮格马利翁雕刻出了一个在梦中出现过的少女，这位少女非常美丽，深深打动了他，渐渐地，他竟爱上了这座少女雕塑。他将自己的全部心血倾注在雕塑身上，把她当成自己的妻子。最后，这份爱深深打动了爱神阿芙洛狄忒。爱神阿芙洛狄忒赐予了雕像生命，皮格马利翁终于得以与梦中情人结为夫妻。

后来，人们把这种非常强烈期望某件事发生时，所期望的事物就会出现的效应，称为“皮格马利翁效应”。

神话故事真的能成为现实吗？关于皮格马利翁效应，心理学家通过实验，说明了这种效应是如何对他人产生影响的。

美国著名心理学家罗森塔尔做了一个实验，被试者是心理系的学生，他们在不知情的情况下成为被试者。罗森塔尔要求学生做实验，实验对象是小白鼠。学生分成两组并被告知：一组要训练的是经过特殊方式喂养的有较高智力水平的“聪明鼠”，它们能快速学会走迷宫；另一组要训练的是在学习走迷宫时比较迟钝的小白鼠。事实上，两组学生训练的小白鼠是随机分配的标准的实验用鼠。然后，学生开始训练老鼠完成各种技能，其中包括走迷宫。结果表明，被称作“聪明鼠”的小白鼠学习的时间较短。

一样的小白鼠，为什么被告知“聪明鼠”的小白鼠学得更快呢？原因在于学生在训练它们时会无意识地施加不同的影响，期望效应产生了。在此实验基础上，罗森塔尔等人又把实验搬到了小学里，在那里做了一系列的实验，结果表明，期望效应在学生生活中也会起到作用，在低年级中表现得更为明显。

罗森塔尔又做了一次相关的实验：他和助手来到一所小学，声称要进行一个“未来发展趋势测验”，并煞有介事地将一份“最有发展前途者”的名单交给了校长和相关教师，特别强调保密性，以免干扰测试结果的客观性。其实，他撒了一个“权威性谎言”，因为名单上的学生只是随机挑选出来的。

8个月后，奇迹出现了，凡是上了名单的学生，成绩都有了较大的进步，其他方面也很优秀。罗森塔尔的“权威性谎言”对教师产生了心理暗示，影响了他们对学生能力的评价，并通过情绪、语言和行为传染给了学生，学生感受到来自教师的热爱和期望，自尊心、自信心及自我驱动力大幅提升，从而使各方面得到了异乎寻常的进步。

这两个心理学实验充分证明了暗示对老鼠、对孩子的行为都会产生影响。

那么，什么是暗示？暗示，是用含蓄的、间接的方式对别人的心理和行为施加影响，从而使被暗示者不自觉地按照暗示者的意愿行动，因此被称为“暗示效应”。

暗示有积极的暗示和消极的暗示两种。积极的暗示指的是较好的预测和期待。简单地说，就是往好的方面想，往好的方面说，给孩子好的影响。消极的暗示就是较差的预测和期待。简单地说，就是往差的方面想，往差的方面说，给孩子不好的影响。

如果我们总是让孩子往好的方面想，那么孩子就会产生好的变化。比如，妈妈觉得孩子在学习上很认真，头脑也足够聪明，那么，妈妈看孩子的目光中就会充满赞赏和期待，妈妈会跟孩子说话和颜悦色，甚至会向孩子请教问题，孩子感受到被抬高的尊重，就会更加努力。

如果妈妈总是把孩子往坏的方面想，那么孩子的人格、能力等一定是一天比一天坏。比如，妈妈觉得孩子不是读书的料儿，也没有什么才艺，面对孩子时就会心情较差，甚至会唉声叹气，担心孩子未来怎么生活，把这样的认知和情绪传递给孩子，孩子也会觉得自己不行，甚至失去学习的信心和动力。

钝感力妈妈虽然没有被告知自己的孩子是“最有发展前途者”，但是她们与实验中的教师有同样的心态，她们都喜欢高看自己的孩子。因为高看，她们对待孩子的要求会高一些，这样的高要求被孩子接收到，会使得他们的行为发生改变。具体表现在他们的语言与行为当中，会让孩子感受到“我应该有更好的表现”“我不能马虎”“这次单元测之前，我把所学内容好好复习一遍，我有能力学得更好”。

面对未知的世界或者未知的事情，父母对孩子充满期望，觉得孩子能行，孩子就认为自己能行，就有力量去奋斗、去搏击，直到有一天，他们长到足够大，建立起了积极的自我概念，拥有了积极的价值观，他们就能自己给自己力量，继续朝着自己的理想奋斗。

自信来自准备，准备来自实践。

第四章

妈妈心胸宽广，孩子勇往直前

钝感力妈妈能够不疾不徐地推动孩子朝着光明的未来展翅高飞，就在于她们钝感于世间一切的困难和曲折，心胸豁达，意志坚定。在妈妈的教育下，孩子也和妈妈一样，把一步一步不屈不挠过成生活和学习上的健步如飞。

妈妈心胸宽广，孩子志向远大

钝感力妈妈心胸宽广，思想坦率，接受力强，非小心眼儿之人，这决定了她们内心不狭隘，能以发展的观点面对孩子，不纠结于一时一事。孩子没有压力，自然能够按照生命本真的规律成长，成为一个独特的自己。

巧巧是一名三年级的小学生，非常乖巧伶俐。妈妈是个要强的人，做什么事都是竭尽全力做好。

妈妈喜欢气质好的女孩儿，她觉得跳舞能提升女孩儿的气质，于是，从女儿 5 岁就给她报了舞蹈班。女儿也很争气，不管多么辛苦，都坚持练习。

到了三年级，妈妈发现巧巧的肢体协调性、韧性不够好，很容易摔倒。虽然膝关节受了一次伤——很疼，但是巧巧也没有提出不学。

这个时候，学校舞蹈社团正好招人，很多女孩子报了名，巧巧也报了。但是，巧巧并没有被录取。放学回来后，巧巧进了自己的房间，坐在桌子前画画，妈妈喊她吃晚饭，她只吃了半碗米饭，就回了房间，继续画画。

睡前，妈妈来到女儿房间，坐到女儿床上，搂着女儿的肩膀问："我女儿今天不高兴啊，妈妈陪你出去走走。"

闻言，巧巧并没有说话。

妈妈一边陪着女儿坐着，一边说："妈妈看出来了，你不高兴，如果你愿意，可以跟妈妈聊一聊的。"

巧巧说："妈妈，我好想参加学校舞蹈社团啊。可是，我为什么就选不上呢？"

妈妈说："你不是进了绘画社团了吗，而且你还进了剪纸社团呢。如果舞蹈社团再选上，其他同学好像就没什么机会了啊。再说，你还要学习、锻炼、阅读，一个社团就够了。妈妈真的觉得，你有很好的绘画天赋，那么，就应该坚持好好画啊。”

巧巧说：“可是，我练了那么多年舞蹈，连个学校的社团都进不去。”

妈妈说：“如果你不从小练舞蹈，你也进不去啊。更何况，通过练舞蹈，你的身体平衡力、协调能力都大幅提升了，气质也很好，这还不够吗？”

巧巧点点头，搂着妈妈的脖子笑了。

随后，巧巧跟妈妈说：“妈妈，我饿了，想吃西红柿鸡蛋面。”

妈妈说：“好啊，你去洗西红柿，妈妈给你做。”

巧巧开心地点点头。

这就是一位心胸开阔的妈妈。孩子有这样的妈妈，就能够拥有开阔的眼界、活跃的思维以及远大的志向。

“钝感力”这一特质，在这位妈妈的身上得到了尤为显著的体现，因为她在育儿过程中总是游刃有余地做到了以下几点。

妈妈心胸宽广，孩子志向远大

妈妈胸怀宽广，孩子从妈妈的言谈举止感受到的是更大气的做法，妈妈把孩子引进更广阔的世界，孩子的梦想必然立足于更宽广的天地之间。当孩子的伟大抱负产生以后，就会对其行为有巨大的推动作用，必然勇往直前。

乔治·波特是英国化学家，1967年获得诺贝尔化学奖。小时候，他经常被家人带到郊外的原野上做游戏，在草丛中爬来爬去，从山坡上滚下来，趴在地上观察小动物……只要波特想玩儿，家人从不阻拦。

随着对自然界的观察逐渐增多，波特对自然界的好奇心也逐渐增长，而且开始愈发喜欢尝试。他如同众多调皮男孩儿一般，对节日烟火情有独钟，但与众不同的是，他不光陶醉于升入高空中那五彩斑斓的图案，更渴望动手制造这种神奇的东西。还没有上学，波特就开始自己动手制造烟火了。

到了读书的年龄，爸爸以另一种方式开阔了波特的视野，他送给波特一套15本的《儿童百科全书》，并告诉他，书是知识的海洋，里面不仅有各种问题的答案，还引领着每个孩子更深入地探索世界。刚刚学会识字的波特，很快就被书迷住了。

心胸宽广的妈妈，总是在为孩子创造更加广阔的成长环境，她们带孩子走进大自然，大自然给予孩子的远远胜过人类施教的力量，使得孩子身心健康，放飞梦想。

尊重孩子的兴趣和选择

不管孩子选择什么，父母都要尊重孩子的选择。这样，才能激发出孩子的学习动力。

卢梭说："要尊重儿童，不要对他做出或好或坏的评价。"

彭彭非常喜欢计算机，将来想从事计算机的研发工作。爸爸告诉他："智能时代，你的选择很有前途，但要努力学习啊！不但要学好各科知识，数学尤其要棒。"

彭彭对数学很感兴趣，而且数学成绩也一直不错。小学的时候，他就荣获过全国数学竞赛三等奖。升入初中后，他也一直在学习数学竞赛书籍。只要有适合的比赛，他就会参加。

当然，在发展数学兴趣的过程中，彭彭也没有忽略课本学习。他已经摸透数学是一门比较系统的学科，需要一环紧扣一环地把知识掌握牢固。每学一节知识，他都会把有关的定理、公式背诵得滚瓜烂熟，把推导过程搞得非常透彻，这样做题才会得心应手。

彭彭并不满足于取得的好成绩，在业余时间，他广泛搜集、阅读更前沿的数学信息，铆足了劲儿潜心钻研数学，为此特别开心。

彭彭的父母在尊重孩子选择的同时，也会给孩子提出好的建议，就是即使有了自己的发展方向，也要学好其他科目，因为知识之间是相互辅助、相互成就的。

偏爱某一科是热爱的标志，热爱是使孩子真正出类拔萃的真正动力，学好其他科目，便能为优势科目助力。

带孩子了解和参与国家性活动

让孩子参与那些为国争光、提升国家知名度的大事件中去，比如奥运会、世博会、电影节等。让孩子感受到“我在为国家出力”的荣誉感和满足感，促进孩子爱国激情的迸发和从国家大局出发的责任感。

妈妈支持孩子做一名志愿者，参与到社会服务当中去，有利于孩子站到社会层面上去看待一些事情，建立起一种自己与多数人在一起的联结，人生理想自然不拘囿于一己发展。

不在意别人的嫉妒

钝感力妈妈心胸宽广，具有较强的同理心，即使有人嫉妒和讽刺，她们也不会生气，更不会厌恶，依然淡定地做自己。

萍萍生长在一个富裕的家庭里。家庭经济条件好，虽然是孩子的福气，但也很容易娇惯孩子。妈妈知道，孩子的物质生活如果太过于丰富，孩子就会变得娇气，会弱化对未来社会的适应能力。

所以，妈妈从小就培养孩子节俭的品德。

一天，萍萍穿着一件旧旧的白色T恤出门玩儿。这件T恤是表姐穿小了送给她的，已经穿了两三年了。

妈妈觉得，衣服洗得干干净净，孩子穿着舒服就好了。

邻居的一位奶奶见了，说："哎哟，萍萍，这件衣服太旧了，穿起来，就像个小乞丐，让妈妈给买一件漂亮的小裙子。小公主就得穿小裙子啊。"

一位阿姨说："你妈妈太抠门儿了，那么多钱，不舍得给孩子花。"

妈妈笑笑，拉着女儿，笑着跟两位邻居打招呼："我们得出去采购了，回头见哈。"

到了商场，萍萍就要去服装区，说是要买裙子。

妈妈说："你不缺裙子啊，买那么多裙子，穿不过来，回头都小了，多浪费啊。"

萍萍说："明天我就不穿这件T恤了，我要穿裙子。"

从那以后，萍萍真的再也不穿这件T恤了。

出门前，萍萍说："我要穿新衣服。"

妈妈说："新衣服要穿，旧衣服也要穿。你在小区里，和小伙伴们跑着玩儿，你觉得是穿裙子更方便还是穿T恤、短裤更方便啊？"

萍萍说：“还是 T 恤、短裤吧。”

萍萍穿上后，妈妈说：“穿上新衣服是萍萍，穿上旧衣服也是萍萍。旧衣服又不脏，干干净净的，穿在身上很舒适，关键还省钱，是不是很好？”

萍萍点点头。

当面对他人的讽刺和嫉妒的时候，妈妈以洒脱、大气的方式来应对，事后仍然坚持自己的行为方式，其实，就是在告诉孩子，要以坦然的态度面对嫉妒。

当然，嫉妒作为一种负面的情绪反应，父母要引导孩子懂得这是一种什么样的情绪。嫉妒源于对他人好运气的愤恨，是与那些明显比自己得到更好待遇的人相比较时产生的负面情绪。嫉妒情绪发生时就会产生损害的动机，或者拉低对方的认知水平，当然，还可能激发自己的斗志，努力提高自己的认知水平。

嫉妒情绪一般因为身边人而产生，看到对方的才能、成就、地位以及条件和机遇等比自己强，心里就不平衡。有这样的心理活动很正常。毕竟人都有好胜心，如果没有发展到失去理智的情况，这样的事情就能够激发一个人的斗志，从此奋发努力，迎头赶上，还能起到积极作用。

但是，当嫉妒、羡慕的情绪升级到想要损害别人的优越性、破坏别人优越状态的时候，那就需要冷静了，否则很有可能伤害他人，甚至伤害到自己。

当别人嫉妒自己的时候，或者自己有了嫉妒他人情绪的时候，该怎么办呢？我们先看看大哲学家柏拉图是怎么做的吧。

一天，柏拉图的一位朋友送给他一把非常精致漂亮的椅子，以此来表达对柏拉图的尊敬和肯定。

几天后，柏拉图的朋友们到他家里做客，都看到了那把精致的椅子。当大家知道了椅子的来历后，其中一位突然站了上去疯狂地踩踏！并且说：“看吧，把柏拉图的虚荣给踩个稀烂！这把椅子就是柏拉图心中的虚荣与骄傲！”

当时，在场的人都吓了一跳——很惊讶地看着柏拉图。

柏拉图并没有把情绪停留在“我是被人尊敬的”层面上，而是很快地冷静下来。

他不紧不慢地拿了一块抹布，认真地擦拭着那把被踩脏的椅子。

擦完后，他请那位朋友坐下，并深情地说："谢谢你帮我踩掉心中的虚荣，现在我也帮你擦去心中的嫉妒。你可以心平气和地坐下来和大家喝茶、聊天了吗？"

如果柏拉图当时因为被那位朋友识别了自己的虚荣心而嫉妒他的智慧与高明，那么很可能失去理智，甚至做出极端的事情来。可是，柏拉图以自己的智慧识别了他人的嫉妒，并以非常平静的方式表达出了自己接纳的态度。这样，对方接受起来就比较轻松，更不会无地自容，自然也就保全了友谊。

柏拉图能够以如此高明的方式浇灭了一团熊熊燃烧的嫉妒之火，就在于他了解嫉妒情绪，并能够正视嫉妒情绪，从而拥有了对待这种情绪的好方法。

如何化解孩子心中的嫉妒情绪呢？

❤ 拥有客观看待自己和他人的心态

一个人对世界、对环境、对身边人、对各种事物的想法和感受其实代表着某一部分的自己，如果一个人勇敢地面对嫉妒，认真地思考嫉妒，那么在这个过程中，他不但更加了解自己，也能寻找到更好地处理嫉妒情绪的方法。

当嫉妒情绪在心中滋生的时候，问问自己，自己嫉妒对方什么？这时就会发现，其实自己嫉妒的东西，正是自己缺乏的、期待的，而别人此时正在拥有的。但是，在这个世界上，每个人都有着自己富足的一面，也都有着匮乏的一面，不断地拿自己的优势和别人的劣势比较，就会明白，没有谁是全面的、永远富足的。

这样，就能淡化促使嫉妒情绪产生的"缺乏感"，进而变得知足。满足于自己拥有的，内心就会变得稳定，而不是饥渴。当见到别人好的时候，就会是一种内心淡然、真诚祝福他人的情怀，决不会产生破坏和阻碍的情绪，这样你的内心就会更轻松、更自由了。

拥有祝福他人的心态

父母从小培养孩子的分享习惯，家里有好吃的，分给亲戚朋友一部分，大家一起吃；玩具比较多，小伙伴喜欢，分享给大家一部分，让更多的小伙伴享受玩儿玩具的快乐；好的书，自己读完，觉得很有可读性，借给好朋友读一读等。

当孩子愿意分享以后，家长不妨引导孩子给他人祝福。当朋友取得了好成绩的时候，当亲戚家有喜事的时候，当小伙伴有了进步的时候，妈妈教会孩子表达祝福，别人快乐自己也会快乐。

孩子拥有了分享、祝福的心态后，当面对他人优秀表现的时候，即使会羡慕、嫉妒，也不会有破坏的行为，而是能够从中获得激励。

化嫉妒为尊重

当强烈的嫉妒情绪不可遏制地在心中蔓延的时候，大胆地接纳它，就不会被它左右。这时，不妨走出家门，去一个广阔的地方，公园或者旷野，在蓝天白云下一边漫步，一边想一想，人家为什么能取得这么好的成绩？人家为什么做得好？人家为什么生活富裕？

答案只有一个，那就是人家努力付出了。

只有付出才会有回报，自己要想生活得好，除了努力，别无他途。而且，当一个人做一件事情获得成就的时候，为此付出的努力可不是当下眼睛所见到的，而是几年，几十年，甚至几代人的努力，这样能够执着于一件事的人，是值得尊重和学习的，嫉妒他们就不对了。而应化心中的嫉妒为对别人的尊重，并激励自己不断地朝着理想而奋斗，相信在不远的未来，你也将成就更美好的明天。

勿畏难：困难是人生的常态

钝感力妈妈不怕困难，她们非常勇敢和坚强，在她们心目中，困难是人生的常态，有什么好怕的呢？

的确，没有人能在一生中都不会经历困难，就如同地球不是一条柏油马路一样，需要攀登高山，跨越海洋，才能到达彼岸。人生之路也不可能按照某个人所期望的道路进行设计。

在北部山区，山北面的树木要比南面的树木长得粗壮，为什么呢？因为生长在山坡北面的树木，要经历更强烈的西伯利亚寒风和雨雪的冲击，为了不被刮倒，它们必须不断地往更深处扎根，扎根越深吸收的营养就越多，成长得自然就更加健壮。

著名教育家徐特立先生说：“有困难是坏事也是好事，困难会逼着人想办法，困难环境能锻炼出人才来。”

在走向未来的路上，人总会与困难相遇，谁战胜困难的次数多，谁的能力就能增强，谁的意志就会更加坚定，谁的追求就会越高远。

成龙 7 岁进入香港中国戏剧学院，在那里，他每天 5 点起床练功，操练脚上功夫、打斗方式、特技动作、拉筋、劈腿、翻跟斗等，一招一式一直练到深夜。除了练功，成龙每天还要和自己的师兄师弟一起做卫生、洗碗等。

师父特别严厉，成龙受不了，偷偷跑回了家。父亲勃然大怒，反对他半途而废，坚决叫他回去。成龙只得重新回到戏班，继续每天近 19 个小时的艰苦训练，为以后的影视表演打下了坚实基础。

困难有大有小，困难越大克服起来就越有难度，但是，带来的成长感悟和成功也就越大。

另外，江董董 7 岁那年，在放学回家的路上被一辆工程车轧断了右腿。

右腿没有了，不久父母又离异，家庭自此变得破碎不堪。江董董原本幸福美好的天空顿时坍塌下来……但是，他一直都没有放弃学习。2004年，江董董成为一名残疾人运动员，练习坐式排球。经过不断的刻苦训练，江董董球技大增，很快成为省坐式排球队的一员。第八届全国残疾人运动会将在杭州举行，为了夺冠，江董董练习得更加刻苦，屁股都磨出了老茧，但是他的内心是快乐的。

当孩子面对困难的时候，作为家长应该如何来帮助他呢？不妨从以下几方面着手。

孩子会畏难，家长扶一把

当孩子遇到困难的时候，不要轻易帮助孩子，让孩子自己想办法战胜困难。战胜困难的经验多了，心理变得强大，就不会害怕了。

我们来看一则小故事，相信从故事中你将深受启发。

飞飞学习国际象棋的时候，小伙伴里有好几个孩子在学习。

三年后，飞飞参加国际象棋大赛，并且取得了非常好的成绩。

家长纳闷儿，刚开始学的时候，飞飞是几个孩子中成绩最差的，为什么这个孩子倒成了学得最好的呢？

刚开始学习，飞飞入门儿有点儿难。飞飞皱着眉头跟妈妈说：“妈妈，我不喜欢国际象棋。”

妈妈摸着儿子的头，说：“先学习一段时间，咱就当玩儿了，到时，再定。”

飞飞噘着嘴同意了。

学了一段时间后，飞飞靠在妈妈身上说：“妈妈，我有点儿喜欢国际象棋了。”

妈妈搂着儿子说：“那就加油，你可能是一名优秀的象棋棋手呢！”

闻言，飞飞开心地笑了。

第二年，飞飞说：“妈妈，我要考级。”

妈妈竖起大拇指，说："好啊，妈妈支持你！"

妈妈和飞飞重新制订了学习计划，每周多出 1 个小时练习国际象棋。

飞飞顺利通过了考级。此时，飞飞已经很喜欢国际象棋了。他每天都会抽出半个小时来在 App 上下棋，假期还会找棋友对弈。

学到第三年，飞飞报名参加象棋大赛，并取得了好成绩。

在学习的过程中，孩子会出现畏难情绪，这个时候，父母的支持，能够提升他们奋斗下去的勇气，促使他们坚持下去。在坚持的过程中，他们会明白，看着很困难的事，做了就不难了。

让孩子看见自己的心愿

童年是梦想的土壤。梦想承载着孩子的心愿。孩子在一个又一个的梦想中长大，有多少梦想已经成真了呢？让孩子看见自己的心愿，就增强了实现心愿的力量，这样才能克服困难。

有一部非常著名的影片，叫作《勇往直前》。这部改编自真实事件让人没有勇气看第二遍的影片着力塑造了一个又一个普通人。从中我们甚至可以看到自己或者身边人的影子，日子过得平平淡淡，跟芸芸众生中的每一个人没什么区别，但是直到每个人心中都有了一个心愿以后，他们选择加入了花岗队，生活变得很努力，在扑灭一场森林大火的时候，由于浓烟太烈与直升机失联，被烧成了灰烬。

这个令每一位观者痛到窒息的影片让人明白，当一个人拥有了自己的心愿，在为实现心愿而努力的过程中，信念里就有了奋斗、努力、坚持、实现目标等积极的色彩，内心就会认同并倾向于这样的价值选择，就会做出这样的行为。

有了心愿，人生就有了奔跑的目标。当孩子有了心愿的时候，妈妈指导孩子把心愿说出来或者写在心愿本上，会提升孩子为实现心愿而努力的自觉性。

引导孩子独立面对困难

教育家陶森说：“即刻的帮助，等于贬低了孩子的智慧。”面对困难，孩子会产生畏难情绪、焦虑情绪，这都是正常反应。这个时候，我们不要因为心疼孩子就立即出手相助，而要鼓励孩子自己去战胜困难。

下面我们来看一则小故事。

章章因为说错了话，伤害到了自己的朋友，他担心会失去这位好朋友，心情很糟糕。

妈妈问他：“你跟朋友道歉了吗？”

章章说：“道歉了。”

妈妈说：“那就过一段时间，等你朋友心情平静了，你做一件让朋友开心的事情，或者送朋友一个小礼物，再或者帮助朋友做一些事情，或许会改善你们的关系。”

章章问妈妈具体怎么做，妈妈说：“你自己动脑筋去想吧。你最了解你的朋友，妈妈相信你能想出好办法的。”

最后，章章拿出自己的压岁钱，买了一本朋友渴望已久的书，作为生日礼物，送给了朋友。最终，两个人和好如初了。

当章章面对困难的时候，妈妈没有直接出手帮助孩子解决，也没有告诉孩子解决问题的方法，而是给孩子一个提示、一个方向，然后鼓励他自己去想办法。这么做，能够大幅提升孩子解决问题的能力。

成长中的孩子，由于身心发展还不成熟，自我控制能力相对较弱。如果总是经历失败，那么孩子对事情的兴趣就会大大降低，特别是学习这种需要付出长期努力的事情，更需要孩子有极大的热情。

舍得让孩子“吃苦”

一位母亲说，我昨天睡晚了，今早心脏有些不舒服，女儿一直照顾我，早饭她给我做的牛奶麦片，中午给我盛好了饭菜放在床边，还给我倒水、端水果……英语课、阅读、口算，也都自己主动完成了，特别听话。

当孩子做这些事情的时候，父母不要觉得自己让孩子吃苦了，要舍得让孩子做一些事情，孩子的内心才会充实，才能体验到自身的价值。

任何一项本领的获得或成就的获取，都不会是轻松、容易的事情，都需要持久的坚持和不断的努力。坚持和努力的过程是一个体力和精力付出的过程，需要克制身体对于安逸的向往、对于舒适的期待，会有哭泣、会有挣扎，父母要舍得。要知道孩子就是在这个“吃苦”的过程中懂得了人生的真谛、奋斗的意义、获取成就的自豪、对自己的认可，从而把自己提升到更高的人生境界，拥有更高的追求。

每个孩子都是一个独一无二的奇迹，有着无限的潜力等待着被发现。

拥有乐观的心态

古罗马哲学家西尼加说：“乐观主义者总是想象自己实现了目标的情景。”所以，乐观的人更容易走向成功。钝感力妈妈就是这样的人。

阿兰·麦克莱德·科马克，1979 年的诺贝尔生理学或医学奖获得者，因为他设计了一种 CAT 扫描器而获奖。

在很小的时候，科马克就经历了一次劫难。父亲因为肺炎恶化而离世，科马克接受不了这个现实，从那以后，他变得心情沉重，终日沉默寡言，对什么都提不起兴趣。

妈妈是一位坚强而乐观的老师，深深懂得以后的生活有很多不容易，但是她忍受住失去亲人的悲痛，带着几个孩子移居到了世界上最美丽的城市之一——开普敦。可是，科马克并没有因此而变得心情开朗，他还是难以从失去父亲的痛苦中解脱出来，整天闷闷不乐。后来，他患上了严重的心理障碍，因为不敢接触生人每天躲在家里不能上学。

看到孩子这个样子，妈妈心里非常难过。为了消除科马克内心深处莫名的恐惧，妈妈竭力让孩子们明白，失去了爸爸，一家人照样能够生活得很好。

为了帮助孩子们摆脱失去亲人的痛苦，妈妈安排一家人回家乡苏格兰旅行。旅途中，波澜壮阔的大海，秀美旖旎的风光，故乡人的热情招待，改变了科马克的心情，唤起了他对生活的热爱。

妈妈说：“你们一定要乐观，要认为自己是世界上最幸福的人。”科马克理解了妈妈的苦心，从那以后，他变得乐观、勇敢起来，也懂得了人生是免不了面对痛苦和打击的，关键是看以什么样的心态去面对。

对孩子来讲，苦难的伤害性要大于成人，因为他们的心理承受力、个人能力、情绪调控能力、社会经验、抗挫折能力等要远远小于成人。一般情况，意志品质不够坚强的人，遇到困难就觉得太难了，没办法克服。为了避免孩子因此而愁眉苦脸，很多父母会及时帮助孩子，甚至孩子还没有遇到困难，就帮其屏蔽了可能性。这么做，不利于孩子拥有乐观的品质，而且，容易使孩子遇到困难就手足无措。

教给孩子，在没有把握的事情上，期待最好的结果，这就是乐观。事实上，只要是坎儿，就得跨越，而跨越的欲望和力量来自内心的淡定，这份淡定的背后是无数次战胜困难后所拥有的乐观、积极、向上的品质以及较强的心理弹性和自信。

面对困难，努力争取是最该有的人生态度，不管结局怎么样，都感觉没有白白经历，都有一些收获，都感恩这样的遇见，都能继续前行，不会止步不前，更不觉得自己不行，这才是孩子该有的乐观、向上的积极态度。

孩子如果能做到这一点，多是父母教育的结果，父母以自己的言传身教，教给了孩子乐观。

如何帮助孩子建立乐观的心态呢？不妨从以下几方面做起。

当孩子脆弱的时候，是教会孩子乐观的好时期

乐观作为一个美好的品质，既不是一两件事的正确引导就能够教会孩子的，更不是父母对孩子说几句要放宽心，孩子就能乐观，而是长时间对孩子的耐心培养。

小学生脆弱的时刻并不少，比如，考试成绩差、课堂回答问题没有回答出来、迟到、被同学欺负、被同学误解等。孩子回到家里可能因此而情绪不高，此时，父母除了与孩子共情，一定要等到孩子情绪平稳以后，教孩子该怎么面对这些不如意的事情。

举个例子，考试成绩差了，孩子心情不好，父母与孩子共情，孩子跟父母敞开心扉后，父母可以告诉孩子，一次成绩不好没什么，只代表这段时间的学习效果，不代表永远不好。学习是一件需要努力才能完成得很好的事情，

所以，要想获取好成绩，就得努力掌握所学知识。这么想，这么去做了，就是乐观。

让孩子对自己充满信心，他就会乐观

拉伯雷说：“生活是一面镜子，你对它笑，它就对你笑；你对它哭，它就对你哭。”乐观既是一种心态、一种情绪，更是一种素质、一种智慧。

有这么一句话，意思是如果你洞察了这个世界的阴暗面后，还仍然选择热爱这个世界，那就是乐观。乐观，就在于对自己充满信心，觉得自己能够适应这个社会；乐观，还在于对这个社会充满信心，认为这是一个良性循环的时代，只要我们一身正气，善待他人，也会受到来自外界的善待。

要让孩子对自己充满信心，就要多多鼓励孩子，肯定孩子的优点，增强孩子的自信心。如果父母的眼睛总盯着孩子的优点，就会觉得孩子越看越优秀，受此暗示，孩子就会变得越来越努力、越来越优秀。家长不但自己要看到孩子的优点，还要教孩子多看到自己的优点，让孩子平时写日记，记录自己做的好事、最近的进步，罗列一下自己的优点，又改正了什么缺点，这些都是增强自信心的好办法。

对社会充满信心的方法也有很多，多读读名人传记，看看他们的成长故事，同时也可以摘抄一些名言警句挂在房间里，与伟大的人物“对话”，能够起到规范行为和激励行动的目的。积极的行为带来的是进步和成功，让人看到希望，有希望自己就会心情舒畅，变得开朗乐观。

遭遇困难，走出去，打开心灵之窗

每天沉浸于个人世界里，关注的是一己的得失，最容易生气、闷闷不乐、斤斤计较。当遇到不如意或者坎坷的生活的时候，闷在家里，限制了思维，容易胡思乱想，不容易打开思路。

在现实生活中，如果你有乐观的心态，日子过得就快乐，看着什么都顺眼，做起什么事都顺心，困难没有那么可怕，自己没有那么无能。所以，人就活得轻松自在。

家长把孩子的生活圈子打开，带孩子走进自然，体会大自然的美妙，也会刺激孩子乐观积极的心态。

与大自然亲近，可以使我们的灵魂净化，心绪安宁，心态平稳。无数的研究表明，拥有精神寄托的人可以坦然面对生活中的挫折和失败。这种精神上的寄托可以是热爱大自然，可以是选择某种信仰，也可以是选择瑜伽或者太极这类有利于身体健康的运动项目。

外在压力增加时，就应增强内在的动力。

有韧性，能自励

钝感力妈妈在自己的人生道路上具有不屈不挠的精神，她们从不轻易言败，这种行为方式一定会影响到孩子。

班里要选择三名同学去参加英语比赛，沫沫喜欢英语，日常的英语辅导课一次都没有落下过，而且还坚持阅读英文书籍。最重要的是，她未来想成为一名翻译，而且，在校园里英语成绩也不错。所以，她特别想参加。

可是，她心里有点儿胆怯，为什么呢？

老师要选择三名同学去参加比赛，数数班里的优等生，哪个都比自己强，沫沫叹了口气，想想，还是算了吧。

可是，心里又有点儿不甘心，她觉得自己能行，自己虽然不是全科都很厉害，但是，英语经常考班级前三名。沫沫翻出自己的英语试卷以及成绩卡，默默地看着。

她告诉自己："相信自己，有资格试一试，那就报名呗，反正老师要考试选拔的。即使选不上，也得到了锻炼。"于是，沫沫报名了。报完后，她的内心轻松了许多。

接下来，沫沫进行了充分的准备，一有时间就学习英语，加上平时基础扎实，英语进步得很快。

比赛的时候，沫沫获得了第一名的好成绩。

在这个世界上，没有不学就会的人。谁都不要认为优等生天生就成绩好、自信爆棚，和其他同学一样，他们也有成绩差或者遇到困难的时候，这个时候，他们不气馁，也不觉得自己不行，而是不断地自我鼓励，每天进步一点点。当一个人不断地自我鼓励，在自我鼓励的过程中就会形成自励型人格，女孩儿也一样，面对学习上的高地，鼓励自己去挑战的过程，就战胜了恐惧，获得了自信。

人格是一个人的思想、行为的特有模式，是一个人区别于他人的稳定而统一的心理品质。人格的形成在于行为的塑造，如果女孩儿在学习上总是呈现出进步的态势，那么，她的自信心也会不断地增强。

自燃型人格的突出特点是不轻言失败，更不会轻易气馁，能很快将学习、工作、生活中的压力转化为自我提升的动力，并在不断的奋斗中获得精神上的满足。自燃型人格的人还很善于升华个人的精神痛苦，把每一次生活挫折都当成个人成长的契机，从而磨炼个人的意志，更加对自己充满信心。

有研究者对 119 篇采用罗森伯格自尊量表收集数据的研究报告进行了元分析。结果表明，青春期的孩子自尊水平基本呈现随年龄增长而上升的趋势。所以，女孩儿进入青春期后会对自己有较高的评价，想体验更高的自我价值感，当然了，她们也渴望去完成更加有难度的任务，有时碍于面子害怕失败又有些徘徊，此时，女孩儿要学会自我鼓励、自我打气，获取成功以后会增强自信，自尊水平也会得到提升。

学习是一个获得知识的过程，是一个自我改变、自我提升的过程。在这个过程中会遇到不能正确理解、接纳的知识点，不会做的题目，这时能自我鼓励才不会丧失自信。

作为钝感力妈妈，如何来引导孩子进行自我激励呢？

用客观的态度去评价

当不良事件或者不如意的事情发生的时候，妈妈要教会孩子寻找导致不良事件发生的原因，并且要以客观的态度去评价，而不是一味地责怪自己太笨、不够聪明，更不是归咎于环境的复杂。

钝感力妈妈能以自己的行动做示范，告诉孩子在学习上或者生活上，要敢于对所发生的事情承担适当的责任，当事情变得糟糕时不要责怪自己。孩子迟早会发现导致事情失败的因素很多，自身的、外界的，只有寻找到自己可以承担的那部分，并为之努力才能解决问题。

布置一个独立的房间

当孩子到了有自己独立房间的年龄，妈妈在为孩子布置房间的时候，需要营造一种向上、乐观的气氛，有利于孩子身心的愉悦。

在墙壁上贴几张自我激励的名言字画。比如，“自信是成功的第一秘诀。”“不怕的人前面才有路。”还可以根据自己的喜好贴几张可以激励他人的名人漫画像。看到这些画像就可以想到这些人的个人成就以及成长史，很能激励自己向前。比如，毛主席、周总理、陈景润、爱因斯坦等。

提高孩子解决问题的能力

孩子在解决问题的过程中可以提升自己的能力，包括思考能力、动手能力、逻辑思维能力以及创新思维能力等。一个孩子的可持续发展和未来成就，最具决定性的三方面智力在于分析性智力、创造性智力和实践性智力，而这些能力都能够通过解决问题来获得。

家长在生活中要多给孩子布置一些任务，让孩子自己想办法去解决。

当孩子因为不能解决问题，来向妈妈求助的时候，妈妈不要置之不理，更不要批评孩子，也不能直接告诉孩子答案，可以先给孩子几点提示，让孩子自己想办法去解决，这样既给了解决问题的自由度，让孩子随意发挥自己的想象力，也锻炼了孩子解决问题的能力。

第五章

和乐的亲子关系

对任何人来讲，天伦之乐不是上天赐予了就能接得住的，而是需要和乐的亲子关系加持的，而且对双方都是一次长久的挑战。那么，和乐的亲子关系靠什么形成呢？它需要科学的教养方法。

不要伤害孩子的自尊

钝感力妈妈能够养育出情绪稳定的孩子，就在于她们能够尊重孩子。被大人尊重的孩子自由度高，能更多地获得父母的肯定，自我价值感强，有自尊。

云云和朵朵是两姐妹。云云比朵朵大3岁。两个女孩儿都高高瘦瘦的，因为练习艺术体操，体形修长，非常美丽。周围的人，都非常喜欢这两个女孩儿。可是，妈妈却不喜欢妹妹朵朵，因为朵朵成绩不是很优秀。

有一天，云云的一个特别漂亮的发卡找不到了。这个发卡是嫩绿色的，上面镶嵌着金色的钻石，闪闪发光。云云要参加好朋友的生日会，想戴这个发卡，但是，怎么也找不到。

父母都帮着找。

云云说就放在床头了，可是，找遍了整个房间，也没找到。

大家都感到很奇怪。

妈妈哄云云，说："要不，妈妈开车送你，路上给你再买一个。"

云云不答应，因为她想跟同学一起坐公交车，不想妈妈送。

朵朵多么想妈妈送自己一次啊。送自己去动物园、海洋馆、郊游……哪里都行。哪怕是顺路捎自己去学校，也很幸福啊。

妈妈确实喜欢大女儿，大女儿想要什么就给买什么，平时面对大女儿也总是笑脸相迎，而对待小女儿就没有这么多耐心了。

很多时候，小女儿都躲得离妈妈远远的，有什么要求都是跟爸爸说。

妈妈和云云在找发卡。

忽然，朵朵拿着发卡出现在了门口，她递给姐姐，然后回到自己的房间，哭了。姐姐那个发卡是妈妈买给姐姐的，朵朵很喜欢，也想要一个，但是，却不敢开口跟妈妈说。朵朵不开心，妈妈为什么就不能一次买两个呢？

今天，她把姐姐的发卡借过来临摹，但是，姐姐忘记了。

朵朵想对妈妈说："自己也喜欢那个发卡，下次出差，能不能给自己也带回来一个。"但是，她怕妈妈不答应，还会埋怨自己，因此不敢说。

朵朵用爸爸的手机，偷偷地搜索过那个款式，网上很多，但是她还是希望妈妈给自己买一个。

在这个家庭里，妈妈已经伤害到了朵朵的自尊，使得朵朵有需求也不敢跟妈妈说，女儿期待妈妈的关爱，妈妈却不给予重视，会让女儿觉得自己不被喜欢从而变得自卑，或者拼命地去讨好妈妈从而形成讨好型人格，再或者心中积压了太多对妈妈的不满，得不到纾解，某一天很可能就会爆发。

显然，这是一位非常缺少钝感力的妈妈，她需要成长，在成长过程中获取育儿经验，才能不伤害孩子的自尊。

如何才能不伤害孩子的自尊呢？

让孩子多多体验成功

自我价值感是个体对自身的感受，体现为对自己接纳与喜爱的程度，也就是个体接受自己、尊重自己的程度，是衡量个体心理素质的重要指标。当孩子感受到自我价值感的时候，他们的自尊水平也就得到了提升。

心理学家詹姆斯认为自尊即个体的总的自我价值感，取决于个体在实现其设定目标的过程中成功或失败的感受。自尊水平的高低，取决于两个因素：成功和获得的成功对个体的意义。

对孩子来讲，成功是一件令他们兴奋的事情。他们越早体验到成功带来的满足感，体验到的次数越多，他们的自尊水平就越高。对孩子来讲，能力的提升需要一个过程，当他们在某件事情上遭遇失败以后，父母鼓励并帮助孩子经过努力获取成功，这种来之不易的成功对孩子来讲意义更大，对自尊的建立更有推动作用。

所以，父母从孩子小时候就关注并帮助孩子较多地体验成功。无论是什么事情，运动、玩耍、读书、讲故事、做游戏等，这些都能帮助孩子建立自尊。

接受孩子间的差距

钝感力妈妈懂得发展具有一般的规律，懂得了这个规律，才不会对孩子间的差距过于敏感，才会有静待花开的耐心。

孩子在发展的过程中具有差异性。也就是说，发展的速度因人而异。

比如，同龄的孩子，有的语言表达能力强，有的个子高，有的记忆力好，有的善于社会交往。孩子与孩子之间存在某方面的差异很正常，只要在正常发展范围以内，就不要为此而焦虑。

儿童的发展是一个有次序的过程。

举个例子，大多数孩子是先会爬然后才会走的，但是，也有一部分孩子都已经会走了，还是不会爬，等走稳了，却开始迷恋上了爬来爬去，这些都不是问题。生命个体不同，就会存在某一项能力超前发展的情况，也会存在某一项或者几项能力发展稍微滞后的情况。

比如，有的孩子大概 9 岁就进入了青春期，逆反心理很严重，反抗父母的行为；有的孩子可能整个青春期都态度平和，直到上大学，也没有激烈地反对过父母的言辞。

孩子的变化是一个循序渐进的过程。

孩子读一年级的时候，不管别的孩子写字多么秀丽工整，自己孩子写得多么横七竖八，都不要指责孩子，因为只要孩子认真写下去，几年后，同样能写得一手漂亮的字。

尊重孩子的需求

作为父母，有没有做到尊重孩子呢？孩子的行为细节是最好的表达。

通过观察孩子的言行，我们可以准确地判断父母是否在日常生活中做到了对孩子的尊重。比如下面这些言行。

“哦，妈妈，我知道吃糖对我的牙齿不好，对我的视力也不好，您为我的健康着想，才不让我吃糖。可是，现在，我非常非常想吃一块糖，您就给我买一块，可以吗？我保证，今天吃一块糖后，我一周内都不会要糖吃了。”

于是，妈妈给孩子买了糖，要求孩子每天只吃一块，孩子做到了。

妈妈买回蛋糕，家里人可以随便吃。

但是，周末孩子跟妈妈说：“妈妈，就剩下三块蛋糕了，今天也不可能去买了。这种蛋糕真是太好吃了！我虽然很饿，但是，我就吃一块，给您和爸爸每人留一块。”

显然，这是一个懂得尊重父母的孩子。这个孩子能够尊重父母，就在于他从小被父母尊重。

孩子对他人的尊重不是与生俱来的，而是从父母身上学来的。

如果孩子小时候，想吃什么，妈妈都不给买，那么，孩子心中就留下了一个物质需要的缺口和一个被关爱的心理需要的缺口，在后面的成长过程中，如果妈妈总是这样对待孩子，那么，这些缺口就会越变越大，孩子的内心就会狐疑，自己是不是不配享用好吃的，不配被爱啊？时间久了，他们就会变得自卑。

一个自卑的人，在面对他人的时候，情绪往往陷入自己的负面情绪里，生命力被消耗，没有能量去关爱和照顾他人，自然做不到尊重他人。这样的孩子走上社会后，社会交往必然受限。

如果孩子的心中装着他人，不自私，不左右别人，那么，他的父母平时一定是尊重孩子的。

父母尊重孩子，就是要尊重孩子的存在、需要、选择和感觉，就是要把孩子当成独立的个体，在沟通的时候，要平等对话，不能发号施令。

没有无私的、自我牺牲的母爱的帮助，
孩子的心灵将是一片荒漠。

依恋：努力巩固情感联结

钝感力妈妈能够和子女建立起稳定的亲子关系，就在于亲子之间建立起了稳固的情感联结，从小到大，时时维护，使得亲子之间的关系非常好。

最近，17 岁的亮亮和妈妈产生了矛盾。

妈妈没有想到，自己每天好吃好喝伺候着的孩子，竟然挑出了自己的不足。儿子说："别的同学学习的时候，父母在旁边陪着，你一次都不陪着我。以后，我学习，你要在旁边和我一起学。"

妈妈不解地问："你都初二了，还让我陪着学习？再说，我也学不进去了啊。"

儿子说："你研究生学历，要想学，还学不进去啊。你就是不爱我，不爱我，就不愿意付出。"

妈妈生气地大喊："我不爱你？我要工作，下了班，赶紧回家，回到家里像伺候祖宗一样，换着样儿地给你做吃的喝的，我还不够爱你？你可真是不知足！"

儿子生气地摔门，进了自己的房间。

妈妈很伤心，气得手直哆嗦，坐在沙发上抹眼泪。

这又是一位钝感力不足的妈妈。她太在意儿子说的话了，很容易就陷入儿子的情绪当中，从而弱化了自己生命的能量。不能与儿子共情，使得儿子仍然在负面情绪中挣扎，一旦导致情感联结断裂，孩子还可能会做出更令妈妈伤心的事情。

所以，无论孩子多大，妈妈都要努力维系情感联结，和孩子保持良好的关系。这样，才能确保孩子展现自己生命的本质，不会做出偏差行为。

情感纽带，指的是人与人之间形成的一种亲近的人际关系。我们也习惯称之为“感情联结”。这种情感的产生以喜欢和信任为基础。

如何才能维护好这种感情联结呢？

❤ 要知道宝宝出生后就寻求母婴联结

宝宝出生以前，母婴一体，宝宝感到很安全。

宝宝出生以后，和妈妈连接的脐带已经被剪断，宝宝不再生活在羊水里，面对一个陌生的、不再随心所欲的世界，宝宝会体验到强烈的分离焦虑，因此会感到不安全，甚至很恐惧。

这时候，他们凭着记忆努力寻找妈妈。

他们记得妈妈的声音、气味、抚摸他们的动作，凭着这些确定自己的妈妈。如果宝宝的需要和妈妈的照护实现了同步性，那么，就会触发宝宝对妈妈的依恋关系。

母婴联结建立起来后，宝宝内心的感觉是安全的，因为他们找到了记忆中“妈妈的样子”“妈妈的味道”，但是他们需要时时感受到这份来自妈妈的安全感。

妈妈要注意识别宝宝渴望爱的信号。比如，撇嘴要哭、哭闹、喊叫、蹬腿、扔玩具、让妈妈抱等，这时，宝宝陷入了负面情绪当中，妈妈要接纳和安抚孩子，等孩子情绪稳定后，再处理情绪背后的问题。

鲍尔比认为宝宝的“内部工作模型”主要以无意识的方式运行，并且一旦建立起来便永久存在，它不仅对儿童的行为反应模式起着决定性作用，而且为个体理解并预测环境、做出适宜生存的反应、建立并保持安全感提供了基础，成为未来人际关系的参照系。

在生命早期，宝宝根据依恋对象的可亲近性、反应敏感性等外部因素形成“内部工作模型”，这是对自我、他人以及人际关系的一种稳定性认知。

3 岁前，建立依恋，多多给予孩子安全感

宝宝能够自主活动后，他们开始冒险离开那些保护和照顾他们的人，在这个时间点上，婴儿发展出了与一小部分人群形成选择性情感联结的能力。在心理学实验中，安全型依恋的孩子，在他们的父母离开时会难过甚至哭泣，在他们的父母回来时又会开心，并且在离开父母去玩耍的过程中，会时不时地探寻父母是不是在这儿。

宝宝的安全感需要父母关系好，家庭氛围和乐，特别是妈妈情绪稳定。在孩子难过、孤独、不舒服、遇到困难的时候，妈妈能够陪在宝宝身边。在日常生活中，父母多陪伴宝宝，多带宝宝一起玩儿。

3 岁前的孩子，是否建立起了足够的安全感，妈妈可以通过孩子的日常表现来判断。

妈妈出门后，宝宝大哭。在妈妈离开的整个时间段里，宝宝的负面情绪都无法消解，哭哭啼啼、哼哼唧唧，对玩具没有兴趣，见到小朋友也不愿意一起玩儿，不高兴了还打人，这种情况，可能是妈妈没有做到平等、自由、周到地养育孩子。

和妈妈依恋关系建立得好的孩子，能够展现这个年龄段孩子的好奇、好动，能够自由自在地玩耍。当进入陌生环境的时候，他们起初会认生，玩一会儿，跟这里的人、场景熟了，就能自在地玩耍了。

青春期注重情感联结

即使亲子之间有了好的情感联结，到了青春期，父母仍然要巩固和发展亲子关系，让孩子在安全的感觉中前行。

根据 2015 年《神经认知科学》杂志上发表的一项对于 23 名青少年的研究，基于实验室冒险测试，自 15 岁起与父母关系变得紧密的青少年，其大脑中负责冒险行为的区域激活程度较低，且在随后的 18 个月里，他们的冒险行为也相对减少。

青春期的孩子特别渴望周围环境的认可，当他们的做法遭到父母反对的时候，他们会很生气。为了维护自己的尊严，他们会固执己见，甚至会一条道儿走到黑。

所以，和孩子在一起的时候，父母要考虑到孩子的痛点，不要揭短。只要孩子进步了，过去的负面事件就不要再提，以免激发孩子的逆反心理，对孩子不好。

虽然青春期孩子有了成人感，具有一定的独立性，但是，仍然需要父母的陪伴和支持，此时，父母要多关心、关爱孩子，不唠叨、不打骂、不挖苦、不讽刺。

亲子之间在一起的特别时光，对父母来讲，是一个向子女表达爱的好机会。对子女来讲，是一个向父母倾诉烦恼、表达心声的好机会。在亲子之间专属的“温馨时刻”里，父母放下生活和工作中的繁杂，轻松地和孩子在一起，爱意浓浓。

父亲或者母亲和孩子单独在一起的时光，听起来没什么特别的，但是置身其中，却有一份特别美好的感觉。孩子会觉得这是专属于自己的时光，是父母特意为自己准备的，是对自己的重视与爱，自己值得父母这么做，决不能辜负父母的爱。

父母和孩子在一起，即使不聊特别的内容，都足以带给孩子触及心灵的感动和放松，孩子会放下对父母的戒备，主动说出心里话。平时，他们心中有了不愉快的事情，会好好地保存着，留着在专属的“温馨时刻”向父母倾诉，以得到父母的指点。

我打破沉默的方法就是忘记自己，
去倾听他人心底的沉默。

虚心倾听孩子

孩子也有情绪不好的时候。当孩子小小的心被麻烦困扰，感到郁闷、困惑的时候，他们会渴望能够和父母很好地分享他们的痛苦，于是黏着父母，说个不停。

回到家里的时候，宁宁浑身是土，一反书包背在肩上的潇洒劲头，而是将书包夹在了腋下。书包带无力地垂落下来，随着脚步晃晃荡荡地打在脚面上。

爸爸妈妈一见儿子这副落魄样子，便猜到了事情的大概——肯定是去哪里淘气了，或者又和哪个同学闹矛盾了！这个淘气包儿子可不是什么省油的灯。

谁知，宁宁凑上去，对父母说："张大江竟敢打我！还拽掉了我的书包带！"

妈妈看了看书包带，说："书包带掉了。"

宁宁说："今天我背着书包从学校里出来，刚一出校门口，他就冲上来给了我一拳，要不是我躲闪得快，都可能打在我脸上了。"

爸爸说："张大江可是个老实孩子，今天，够猛的啊！"

宁宁说："他的铅笔盒坏了，竟然怀疑是我干的。我整个下午都在学习，根本没有在教室里走动。我都说不是我干的，他还有点儿不信。我以后再也不拿他当朋友了。我要想办法把他从我的足球队里清除出去，既然不相信我，还跟我一起踢球，何必呢？"

爸爸说："虽然张大江踢中锋很有速度，没人替代，但是，这次，他的做法确实很令你伤心啊！"

妈妈拍拍儿子的肩膀，说："看出来了，我儿子真的很生气。"

接着，一家人各做各的事情去了。

晚上，妈妈发现儿子心情平静了很多。

妈妈端着一盘水果，来到儿子身边，跟儿子说："妈妈想跟你谈谈今天发生的事情。妈妈觉得，张大江怀疑你弄坏了他的铅笔盒，你只需要跟他说，不是你弄的就好了。至于，张大江踢球这件事，你要开除他，就是你不够大度、不够理性了。"

宁宁点点头，说："老妈，您说得对，我不会开除他的。"

很多家庭亲子关系不好，就是因为父母没有站在孩子的立场上了解孩子，以至于不经意间使得孩子再也不愿意与他们交流了。

著名心理学家狄金森说过："好的倾听者，用耳听内容，更用心听'情感'。"这句话提醒家长，在倾听孩子的时候，不但要听孩子说了什么，还要细心体察孩子内心的感受。

一个在孩子眼里善解人意的家长，只需要在孩子伤心的时候，能够耐心倾听孩子的诉说，认同孩子所受的委屈，就是对处于伤心状态的孩子最有价值的教育。

钝感力妈妈为什么能够养育出好孩子，因为她们懂得好的亲子关系是教子成功的根本，尊重孩子，倾听孩子是尊重孩子的重要体现。

当孩子有不良情绪的时候，父母要倾听孩子；当孩子感受到被接纳后，就愿意向父母敞开心扉，父母也就有机会帮助孩子解决问题，并帮其建立行为界限。

怎么做才能更好地倾听孩子，使得孩子不被坏情绪影响，能够活泼开朗地成长呢？

♥ 耐心听孩子的问题，给予细心的解答

在孩子眼里，他看不懂的、理解不了的、没有见过的事物都具有很强的吸引力，所以总喜欢围着大人问个不停。

孩子问："老板是什么？爸爸怎么就成了老板？""妈妈你为什么老掉头

发？”“月亮怎么老是晚上出来？”

虽然孩子的问题看上去很简单，我们也要耐心地回答：“老板就是拥有公司的人，爸爸做老板是因为爸爸能干！”“妈妈掉头发是新陈代谢，也可能是身体虚弱导致的。”“月亮白天也出来，只是光芒被太阳遮住了，我们看不见！”

孩子对于原因的探究正是理性思维发生的起点。作为智力的核心要素，理性思维能力越强，孩子越能清晰地判断事物，越善于思考。所以，无论孩子问什么问题，我们都要耐心地回答。

培养孩子向自己表达的习惯

妈妈与孩子宝贵关系的中心是我们和他们在一起休息、娱乐和沟通的时光。

作为一位爱孩子的妈妈，和孩子在一起是一件快乐的事情，妈妈的快乐会感染孩子，孩子也能感受到妈妈对自己的爱和关注，就会很快乐。如果妈妈能够听孩子讲讲他玩儿的游戏、交的朋友、读的书、最近学校里发生的有趣的事情等，不仅有利于妈妈了解孩子的思维、行为和情感发展，还能增进孩子对妈妈的信任。

孩子处于困境的时候，最需要的是父母能够跟他们产生共情，接纳他们眼下不良情绪的存在，陪伴他们度过情绪低落的时光。当他们愿意表达心中的困惑和委屈的时候，妈妈耐心倾听，不说评述性语言，更不指责、挖苦、讽刺，可以温和地给出合理化建议，涉及品格问题，要坚决地给孩子设定界限。

孩子有情绪时，父母要倾听

孩子向家长倾诉，希望家长从心理上给予支持，如果家长能够恰到好处地回应一下，并接纳孩子的感受，孩子就能看清自己的感受，因此能大大降低情绪对孩子的伤害。

如果父母只是自以为高明地评价孩子的做法，甚至指责孩子，给孩子提意见，只会使孩子的不良情绪雪上加霜，并因此产生和父母对立的情绪。无论父母的观点多么正确，孩子也不可能听进去的。孩子更没有从父母这里获得他想得到的安全感。

不妨来看下面一则故事，希望对你有所启发。

胡莉莉看着电视，突然大叫一声："完了！完了！我忘记写作文了！"

闻言，妈妈有些不悦地说："什么，你连作业都忘了？你现在是越来越不像话了！"

听了妈妈的话，正手忙脚乱地从书包里拿纸和笔的胡莉莉也发火了："你以为我愿意呀！你要是再唠叨，我就不写了！"

如果此时，妈妈说："哇，忘记写作业了。""看出来了，你在急着补救呢。还好，这会儿发现了。"这样的话语会让孩子感受到"没什么大不了"的淡定和从容，没有情绪影响，从而顺利进入补写作业的状态。

把父亲拉进教育中来

钝感力妈妈深深地懂得父亲在教育孩子过程中拥有着独一无二的作用，父亲对孩子的自我形象、价值观的影响很大。所以，钝感力妈妈愿意做孩子和父亲之间的桥梁，让父亲有机会参与到孩子的成长中来。

奇奇的爸爸是一名石油工程师，常年在海外油田工作，作为单位栋梁的爸爸收入颇丰。但是，一年有大半年时间在海外工作，这点一直是妈妈心中的遗憾，她担心没有父亲的陪伴，奇奇的成长会受到影响。

在妈妈不断地要求下，奇奇6岁的时候，爸爸回国了。妈妈说，爸爸回来以后，奇奇的胆子明显更大了，也更加独立了。

每个周末，爸爸都会带奇奇去爬山。起初，奇奇体力不支，到了半山腰就已经气喘吁吁，坐下来一动不动。爸爸陪着奇奇休息，鼓励奇奇爬到山顶。到山顶后，奇奇被壮丽景色陶醉，忍不住说："啊，太美了！"渐渐地，奇奇不但能够坚持爬上山顶，而且还主动搜索山脉资料，做爬山攻略。

借着儿子的兴趣，爸爸把购买爬山器材、整理爬山所带物品的工作都交给了奇奇。奇奇特别高兴，并且尽职尽责地做好。

有一次，爸爸正好有时间，就把登山物品整理好了，出发前，奇奇检查了一遍，告诉爸爸："明天天气降温，下午有小雨，咱们最好带上厚羽绒服和雨衣，万一赶上变天，不挨冻。还有，明天咱们提前一小时出发，这样，等变天就回来了。"

看着儿子一副"资深驴友"的架势，爸爸很欣慰，妈妈忍不住竖起大拇指，连连点赞。

与妈妈相比，父亲在体力和威慑力上会更强一些，在给孩子立规矩和体育锻炼方面，对孩子的感召力更强。父亲多带孩子骑单车、爬山、赛跑、旅游等，非常有利于培养孩子独立、果断、勇敢、冒险等精神品质。

如果父亲觉得自己能够给孩子提供富裕的经济条件，就是向孩子表达了爱，就是一个尽责的父亲，这种想法是大错特错的。因为孩子成长不仅需要身体发展所需的物质营养，还需要身体发展所需要的心理营养。父亲对孩子的爱，就是一种重要的心理营养。

英国伦敦大学学院心理学博士詹姆斯·霍文斯说："当父亲靠近孩子时，孩子就会耸肩挑眉，变得比较兴奋；而看到妈妈就会表现得比较乖。个中原因很有趣，母亲抱孩子时，惯用相同的方式；而爸爸则多是变换着手法抱。"

霍文斯说，随着孩子逐渐长大，父亲倾向于采用游戏的方式陪伴，如当马让孩子骑。从小到大，爸爸这种不断变化的身体接触，让孩子率先学会了与人协作和适应他人的技巧。长大后，他们也更容易建立良好的人际关系。另外，当孩子遇到陌生的人或物，如小狗等，妈妈一般会拉着孩子躲开，并告诉孩子要远离危险。而父亲往往站在一边，鼓励孩子去探索。

显然，父亲向孩子表达爱的方式和妈妈不一样。

按照弗洛伊德的精神分析理论，子女对父亲的信任更胜于对母亲的依赖。

世界卫生组织曾有一份研究成果表明：儿女多与父亲共处，那么智商更高，男孩儿更像小男子汉，女孩儿长大后更懂得如何与异性交往。

假如一个女孩儿 16 岁时能和爸爸朝夕相处，她进入婚姻殿堂后，多半也能和伴侣建立起稳固长久的关系。

英国《每日邮报》报道，瑞典阿普萨拉大学的学者安娜·萨卡迪称，她和团队在近 20 年中，追踪调研了 8000 多名婴儿和 30 岁左右的成年人。结果表明，父亲若能多关注孩子，孩子成人后适应力会更强。

那么，如果孩子缺少父爱，会怎么样呢？

孩子在缺乏父爱的情况下很容易患上"缺乏父爱综合征"，症状表现为体重、身高、动作等方面的发育相对迟缓，并普遍存在焦虑、自尊心不强、自控力弱等情感障碍，表现为忧虑、多动、有依赖性、难以适应周围多变的环境，这种情况被专家称为"缺乏父爱综合征"。

原北京军区总医院网络成瘾治疗中心主任陶然说，经过对1000多个案例的调研，我们发现90%以上的孩子缺乏父亲关爱，这种父爱的缺失对孩子的社交能力和人格塑造有着显著的负面影响。

如何让父亲不缺席孩子的成长呢?

❤ 让孩子的生活里有父亲

孩子的生活里要有父亲，无论孩子多小或者多大，父亲都要参与到孩子的生活中、游戏中、学习中、与伙伴的交往中、家长会上、外出旅游中、餐桌上等，孩子在与父亲的互动中会习得不同于母亲的行为方式，更能感受到“爸爸喜欢我”“爸爸认为我有能力”，从而获得自我价值感的认同。

在孩子成长的路上，父亲的力量是孩子战胜困难的重要支撑。奥地利著名作曲家莫扎特，3岁时便引起了父亲注意，因为他经常对姐姐练琴展现出浓厚的兴趣，随即父亲便对他进行了音乐启蒙。5岁时，莫扎特在父亲的教导下已能创作简短乐曲，6岁时便完成了钢琴协奏曲。为了全力栽培他，父亲毅然放弃了宫廷乐师的职位。

孩子大了，他们渴望和父亲进行成人般的交往，那么父亲可以建立一种和孩子约会的习惯，和孩子聊一聊。话题既可以是孩子学校中的故事、学习经历、爸爸的工作情况、家里的生活计划，也可以是社会时政方针，还可以是伟大人物的成长故事，这样的聊天重在交流思想。

❤ 陪伴孩子硬气地成长

孩子心灵稚嫩，情感脆弱，一些情境会令他们迷茫，比如，亲人去世、同学分离、考试成绩很差、生病等，这个时候，如果父亲陪伴在孩子身边，给孩子情感上的疏解，孩子更容易建立起积极的认知。

2015年，很多人的朋友圈被一封父亲致即将踏入北大校门的儿子的信刷屏，信中细数了儿子备战高考及参与化学竞赛的历程，描绘出一个自律、自强、有主见、坚韧不拔且诚信可靠的少年形象。“从小到大，爸爸从来没有对你的读书或者成绩之类的做过任何要求，唯独只在两件事情上始终对你做着孜孜不倦式的灌输：品德和锻炼。爸爸唯一一次对你拍桌子发火，是在你读小学二年级的时候那次气恼之下对奶奶的出言不逊。”

作为父亲，如果在育儿方面很迷茫，不妨读一读这位爸爸写给儿子的这封信。

不要想着依靠谁，人说到底是无依无靠的，只能自己站着、跪着或者趴着。

透过孩子情绪了解孩子心理

钝感力妈妈非常爱自己的孩子，她们爱孩子的方式不仅表现在为孩子创造丰富的物质生活环境，还在于非常关注孩子的精神需要。

烟台海阳的一名小学生，当爸爸问她为什么学习不好，是没有笔还是没有本的时候，小姑娘哭了，情绪激动地对爸爸说：“我没有一个好爸爸！”她告诉爸爸，小朋友需要爸爸的努力和陪伴才能那么好。

爸爸的问话，打开了女孩内心积蓄已久的情绪闸门，小姑娘哭得很伤心。此事引发了无数网友为小姑娘点赞。

孩子为什么哭？因为她陷入了负面情绪当中，哭是悲伤情绪的行为表现。

孩子不仅有物质需要，还有精神需要。按马斯洛需要层级理论，基本需要的第三个层级是爱和归属的需要，表明一个人会有要求与其他人建立感情的联系或者关系的需要，如亲子关系、结交朋友、追求爱情、参加社团并在其中获得某种地位等，这就是归属与爱的需要。这些关系里的基础就是亲子关系。

亲子关系是一切关系的基础，亲子之间沟通、互动的模式将是孩子未来人际交往的基础。如果亲子之间没有良好的沟通和互动，那么，孩子将来可能不会与家庭以外的人自然交往。

孩子很聪明，她能想到孩子需要父母的陪伴，说明这个孩子了解自己的情绪情感，懂得自己的需要。但是，她把成绩不好的原因归结为缺少父母的陪伴上，显然说不通，毕竟学习是孩子自己的事情，要靠孩子自己的努力来完成，当遇到困难的时候，可以向父母求助。

当孩子说出这样的话，父母就应该明白孩子的不良情绪来自错误的认知。孩子有错误的认知没有错，父母及时察觉，耐心纠正，孩子就能建立起正确的认知。但是，如果孩子缺少父母的陪伴，父母对孩子的思想倾向没有及时察觉，孩子的错误认知就成了他们错误的认知判断，迁移到更广泛的领域，错得就更多了。

这件事情其实给了天下父母一个很好的提示，那就是可以透过孩子的情绪行为去了解他们的心理需要，认可孩子正确的想法，纠正孩子错误的想法，父母也要有则改之无则加勉。

如何才能透过情绪了解孩子的心理需要呢?

❤ 父母要了解基本的情绪类型

从生物进化的角度讲，人的情绪可以分为基本情绪和复合情绪。基本情绪是先天的、不学而能的。普拉切克根据自己的研究提出了恐惧、惊讶、悲伤、厌恶、愤怒、期待、快乐和信任 8 种基本情绪。

不同的情绪由不同的心理活动引发，有着不同的外部表现，我们可以通过外部的表情、行为等来判断孩子处于什么情绪状态，进而了解孩子当时的心理活动。

比如，恐惧是对感知到的危险的反应，要么是对自己的危险，要么是对亲人的危险，并且当危险消失时会迅速平息。心理学家研究了大量的恐惧面孔，观察到，当有了恐惧情绪后：眉毛升高，眼睛睁大以及喘气不稳。眼睛睁大可以增加看到潜在危险的能力，甚至看到周围视野中所存在的危险。

父母了解自己的孩子，能够通过孩子的外部表现来确定孩子的情绪状态，进而推断他们的心理活动，父母对情绪的认知越准确，越有利于对孩子引导和教育。

❤ 尊重孩子的情绪表现

有时候，孩子会出现情绪失控的情况，比如，对父母大发脾气、大喊大叫、拍打父母、扔东西等，这个时候，父母也会产生一些负面情绪，比如，烦躁、生气等，但是，不要急着去制止孩子，接受孩子当下的表现，等孩子恢复冷静以后，再跟孩子摆事实、讲道理，告诉孩子他这么做是不对的，应该怎么做。

面对孩子“发疯”的样子，为什么当时不能制止呢？因为当神经失控的时候，人脑边缘系统的神经中枢已经进入紧急状态，并通知了相关的神经系统，召集大脑的其他部位服从紧急调度，行动反应相当迅速，此时掌管理性思考的新皮层还没来得及观察当前的形势并做出分析。当情绪达到失控状态的时候，人脑出现了“认知失能”，也就使个体无法继续正常思考。

先安抚情绪再处理事情

情绪与行为有直接的联系，好情绪好行为，坏情绪情况下就会做出糟糕的行为。

当孩子处于消极情绪状态下的时候，他们的感觉很不好，此时，要想他们做出好的行为，就需要促使他们的感受改变。能让孩子的感受获得改变的方法一定不是讲道理。

当一个人心情不好的时候，最不愿意听到的就是建议、讲道理、分析问题，而是被认同，认同当下的感受、内心的痛苦。所以，此时的孩子最渴望被倾听。

当孩子情绪不好的时候，父母应陪伴在孩子身边，而不要训斥孩子或者摔门而去。在温馨的环境中，孩子不受第二次、第三次刺激。在情绪冲动消退的过程中，孩子也就慢慢恢复了理性。此时，他们就能思考事情、面对问题了。

第六章

钝感于孩子不争气的表现

孩子要从不断的成长中变得成熟，必然会有出错的行为和不争气的表现。这个时候，钝感力妈妈不会急躁、咆哮，更不会上火、焦虑，她们会走进孩子的心里，用科学的方法，引导孩子大步前行。

捕捉细节：透过行为知悉品格

好行为形成好习惯，好习惯形成好品格。父母培养孩子拥有好品格，就要规范孩子的行为。孩子把好的行为内化后，就拥有了好品格。有了好品格的孩子，自然就会有好行为。所以，父母可以通过孩子的行为来判断孩子的品格建构情况。

钝感力妈妈不仅拥有耐心培养孩子的好品格，而且面对孩子的不良行为的时候，也具有超强的耐心，并帮助孩子改变。

宇宇是一名四年级的小学生，最近，他经常会画一些像素游戏人物画，这些类似于方块堆积起来的形象，形体笨拙，神情却惟妙惟肖。

妈妈看着有意思，问他："你是怎么想出这些形象的？"

儿子说："有个游戏，叫《我的世界》，这就是里面的人物。妈妈，我可以玩玩《我的世界》这个游戏吗？"

妈妈说："你完成任务后，可以玩儿半个小时。"

妈妈觉得，孩子玩游戏益智，只要不沉迷，可以答应。

没过多久，意想不到的事情发生了。

宇宇在上网课——跟外教学英语。妈妈在厨房做饭，当进入宇宇房间拿东西的时候，发现宇宇的页面没有老师，走近一看，他正在玩游戏《我的世界》。看到这一幕，妈妈气得火冒三丈。

妈妈心想，我出钱，你出时间，为的是学习，你竟然玩起了游戏？

妈妈坐在宇宇旁边，等待课程结束。课程结束后，妈妈问他："妈妈跟你说过，没有妈妈的允许，不能看 iPad，不能看手机，是不是？"

宇宇点点头。

妈妈说："下不为例。"

可是，过了没几天，相同的事情又发生了。

放学后，宇宇在家写作业。妈妈说："写完作业，你就读书。"宇宇答应了。妈妈就出去做家务了。

妈妈再次进来，宇宇已经写完作业，正在玩游戏。那一刻，妈妈知道，儿子并没有自我控制的品质，管不住自己。

孩子管不住自己怎么办？当然是妈妈来管了。

妈妈说："宇宇，妈妈知道你喜欢玩游戏，也能感受到玩游戏带给你的快乐。妈妈期待你过快乐的日子，你觉得快乐的日子是想玩游戏就玩游戏吗？"

宇宇说："不是。"

妈妈说："妈妈知道你是个懂事的孩子，懂事的孩子身上是有一些优秀品质的，比如，自我控制能力。一个人只有拥有自我控制能力，才能控制住自己的情绪、欲望，做该做的事情。你也想能够控制住自己，是不是？"

宇宇说："是的。"

妈妈说："那么，咱们就从控制住自己，不迷恋游戏开始吧！"

于是，妈妈和宇宇一起，制订了一个一天玩半个小时游戏的计划。如果能坚持一周，做完作业可以画 20 分钟画；坚持一个月就奖励一本宇宇想买的书，比如《我的世界图鉴》；如果做不到，就要接受惩罚。

宇宇伸出小拇指拉住妈妈的小拇指，轻轻一钩，两个人的大拇指钩在一起，拉钩盖章。

为了确保宇宇坚持规则，妈妈加强了对电子设备的监管，以及对宇宇业余时间的关注，尽可能地把宇宇的时间填满，这样，宇宇对游戏的痴迷就一点点淡化了。

宇宇能够管住自己不玩游戏，说明自我控制能力获得了提升。在自我控制能力还不够强大、价值观还处于发展阶段的时候，如果后面他的游戏兴趣被进一步激发，还可能会贪玩。所以，妈妈还要注重培养孩子运动、阅读等习惯，妈妈觉得，当热爱被锚定在能让孩子内心更充实的事情上时，也就不会沉迷于游戏，更不会玩物丧志了。

孩子品质的形成，是一个长久发展的过程。在孩子品格形成的过程中，妈妈拥有钝感力就是给予了孩子品格形成的一片沃土。

父母必须具有通过行为知悉孩子品格发展情况的能力，这样才能找到培养点，确定眼下培养孩子的靶心所在，帮助孩子养成好习惯，从而形成好品质。

父母需要关注并培养的孩子的品格很多，比如，爱心、负责、自我控制、自主、主动、诚实、坚强、勤奋、专注、自信、乐观、坚韧等。孩子在不断长大的过程中，行动能力不断增强，他们的行为是思考、判断、选择的产物，体现了他们的价值观，也表现了他们的品格。

比如，一名 8 岁的男孩儿，放学回家后，看到妈妈在床上躺着。妈妈声音虚弱地说："儿子，放学了。"平时，儿子回来，妈妈都会走上前拥抱儿子，并给孩子倒一杯水，拿出孩子喜欢吃的点心和水果。

但是，今天，妈妈躺在床上一动不动。

儿子走过来，问："妈妈，有什么好吃的吗？"

妈妈说："冰箱里有，妈妈发烧了，你自己去拿吧。"

儿子看了妈妈一眼说："哎哟，你去给我拿吧。"

妈妈从枕头上抬起头，揉着额头说："妈妈浑身没劲儿，还头疼，起不来啊。"

儿子撒娇道："哎哟，妈妈，您就帮我拿一下吧，我不知道拿哪个。"

妈妈说："你吃什么就拿什么啊。"

儿子还是不动。

妈妈说："儿子，帮妈妈把那个水杯拿进来，在客厅呢。"

儿子不动，说："您起来帮我拿吃的，然后，正好端水。"

闻言，妈妈无奈地叹气。

当8岁的孩子有这种行为的时候，很明显这个孩子的同情心、同理心都不足，自主能力不强，还不够勤奋。此时，妈妈需要在培养孩子爱心、自主能力、勤奋感等方面多下功夫。否则，孩子可能会成为一个自私、懒惰、没有爱心的人，这样的孩子难以拥有美好的未来。

期待有拿得出手的特长

钝感力妈妈非常爱孩子，她们最伟大的地方在于她们的爱是建立在懂孩子的基础上的，在培养孩子特长这方面，她们也不留遗憾。

琪琪 3 岁的时候，妈妈给她报了奥尔夫音乐启蒙班，每周一次。有人说，这么小就报班，孩子多累啊。

这个启蒙班就在小区附近，溜达着就能到。看着女儿在老师的带领下，在音乐中自由自在地唱、跳、跑、舞蹈，没有考核，没有作业，妈妈知道，这个班选对了。

4 岁的时候，妈妈给琪琪报了芭蕾舞班，琪琪也非常喜欢。芭蕾舞是要考级的，但是妈妈没让女儿考，她觉得即使想考，也要年龄大一些，看孩子是不是有这方面的天赋再决定，这会儿就是接受一下艺术熏陶，打个基础。

5 岁的时候，在学习奥尔夫、芭蕾舞的基础上，妈妈给琪琪报了篮球班，篮球是妈妈的最爱，妈妈觉得打篮球不仅能够锻炼身体，还能培养团队协作精神，有利于社交，是基础运动，值得热爱。

6 岁的时候，妈妈给女儿报了钢琴班和绘画班。

上学以后，妈妈给女儿报了奥数班和编程班。

现在，琪琪读四年级，学习任务比较多，妈妈也逐渐发现孩子的优势智能是数学，于是跟琪琪商量，需要砍掉一些课外班。

最后，母女俩统一意见，琪琪已经参加多次绘画比赛，并多次获奖，因此想继续绘画。琪琪已经进了学校篮球队，完全可以在学校练习，不用再报班了。在保留奥数班、绘画班的基础上，钢琴班和写字班只在假期上，后面如果有需要，再添加。

这位妈妈在培养孩子特长上很有科学性，她没有按照自己的主观臆断来做选择，而是较多地给孩子机会，把孩子浸染在特长的氛围中，先打基础，等孩子长大一些，特长优势凸显后，再做抉择。

在成长的路上，孩子能否一帆风顺地摘取自己的果实，不仅取决于他们自身的才能，还在于父母究竟能否把孩子的才能发掘和引导出来。钝感力妈妈就是这样的领路人。

那么，在孩子特长培养方面，家长该如何做呢？

培养孩子特长，根据家庭条件来

培养特长是一件消耗财力、人力和时间的事情，如何高效地发掘并培养孩子的特长，需要妈妈具有一定的钝感力。

混沌理论认为，在合适的年龄给予孩子足够的信息刺激，若孩子具有某类天赋，则会为其打下基础。当孩子步入特定成长阶段，这样的优势就会凸显出来。这是一个需要无条件付出，不能奢求回报的过程。

如果家庭条件允许，在孩子小时候，妈妈给予孩子接受各种知识信息刺激的机会，比如，音乐、舞蹈、绘画、戏剧、曲艺等，让孩子走进艺术和文化的精髓当中接受熏陶，提升孩子对形体、色彩、声乐等方面的感知，有利于孩子身体、心灵、智力的发展。

如果家庭条件不允许，就要寻找一些免费的社会资源来进行基础学习，以便于寻找孩子的兴趣特长，然后在条件允许的情况下，把有限的教育经费花在孩子优势才能的培养上。

以孩子的才能为轴心，灵活变通

孩子年龄越小，他的才能越处于隐藏和待发现的过程中，即使孩子已经有了重点培养的特长，当发现不适合的时候，也要果断放弃，寻求另外的特长。这番操作，需要父母具有超强的钝感力。

所以，妈妈拥有钝感力对于孩子成长的好处，表现在方方面面，因为妈妈乐观、执着、不放弃的精神本身就是对孩子成长的一种推动力。

奥托·瓦拉赫是诺贝尔化学奖获得者，他的成才过程极富传奇色彩。在中学时代，瓦拉赫遵循父母的意愿踏入了文学殿堂。然而，一学期结束后老师为他写下了这样的评语：“瓦拉赫很用功，但过分拘泥，这样的人即使有着完善的品德，也决不会在文学上发挥出来。”

此时，父母只好尊重儿子的意见，让他改学油画。遗憾的是，瓦拉赫在绘画上既缺乏创意构图，也不擅长色彩调配，对艺术的领悟力又很薄弱，成绩始终垫底。学校的评语更是令人难以接受：“你是绘画艺术方面的不可造就之才。”

面对如此“笨拙”的学生，绝大部分老师认为他已成才无望，唯独化学老师慧眼识珠，认为瓦拉赫严谨细致，这正是做化学实验所需的品质，于是建议他尝试化学领域。父母采纳了这一建议。这下，瓦拉赫智慧的火花一下被点燃了，他表现出了卓越的才华。

文学艺术的“不可造就之才”一下子就变成了公认的化学方面的“前程远大的高才生”。

不要给孩子压力

对孩子而言，所有的学习都会指向改变，好的学习会有好的改变，这就是学习的意义所在。上兴趣班作为学习类型之一，无论学到了唱法、跳法或者画法，都是收获。当这个收获没有以好的作品、好的名次呈现出来的时候，要想让孩子无压力地继续学习，需要父母表现出应有的钝感力。

如果每次带孩子上培训班，妈妈回馈给孩子的都是赞叹，妈妈找到的那个进步的点，就是孩子坚持下去的灯塔，更是他的心向母亲靠近的音符。钝感力妈妈能够和孩子建立和谐的亲子关系，就在于她们总是给孩子力量，而不是提出要求。

我只能送你到这里了，
剩下的路你要自己走，不要回头。

在学习上，不要让孩子陷入“习得性无助”

钝感力妈妈具有乐观、自信的品质，这使得她们在面对孩子学习的时候，即使孩子真的有点儿差，也不会认为孩子学习落后，并总是寻找机会让孩子崛起。

妈妈辅导丽丽写作业，看到女儿做出的题目，简直是胡乱写的。妈妈一边给女儿讲题，一边头疼，皱着眉头说：“我何德何能，生出了这么一位女儿！”

女儿噘嘴，妈妈感觉到自己的失态，无论怎样也不能打击女儿啊，这样的话，女儿认定自己就是学不会，如果放弃努力，那可就惨了。

妈妈说：“钟南山在读小学的时候，成绩很差，还留过两次级。谁都知道，成绩好的学生不会在小学留两次级。五年级的时候，在一次考试中，他取得了不错的成绩，妈妈知道后高兴地说，南山，你是可以的。从那时起，他就开始认真学习了。”

接着，妈妈摸着女儿的头说：“所以，我不用发愁，你也会逆袭成优等生的，对吧？”

丽丽点点头，喜上眉梢地说：“那是一定的啊。”

孩子的成长是一个不断获取能力、走向优秀的过程。在这个动态的变化过程里，孩子可能会遇到成绩差的时候，这个时候父母要想办法保护孩子的自尊，提升孩子的自信心。

我们应该如何引导孩子走出低谷，继续勇敢地向前迈进呢？

当孩子成绩差时，保护他的自尊心

在孩子面前，一定不要提“差生、脑子不够用、太笨”这些词语，把这样的标签贴上去，很伤孩子的自尊心。父母千万不要觉得自己就是随口一说，孩子不介意。只要孩子听到了，这些话就会变成他们对自己的评价。当他们觉得自己不行，是“差生”的时候，学不好就成了自然而然的事情，他们往往会选择自我放弃。

孩子年龄越小，心理越脆弱，越需要父母的支持和鼓励，以便帮助他们建立起自信。一旦孩子拥有足够的自尊，深信自己能够胜任，其内心便趋向阳光，生出克服困难的毅力与胆识，从而愈发热衷于学习之道。

避免“习得性无助”

一次次的学习任务，孩子完不成；一次次的考试，孩子成绩不理想。此时，事情本身对孩子已经构成了压力。

心理学上有个著名的习得性无助实验，被试者是一只狗。实验者把狗关在笼子里，装上了蜂鸣器，只要蜂鸣器一响，就给以难受的电击，关在笼子里的狗就会被击中。多次这样的实验后，狗变得聪明了，只要蜂鸣器一响，狗就赶紧趴下，仿佛被电击了一样。实验者改变了实验过程，他们在给电击前，先把笼门打开，出人意料的是，等蜂鸣器响的时候，狗不但不逃而且不等电击出现就先倒在地上开始呻吟和颤抖。后来，人们把这种本来可以主动地逃避却绝望地等待痛苦来临的现象叫作习得性无助。

显然，这只狗是经历了一次次的蜂鸣、电击后才认为自己是逃不掉的，即使实验环境改变了，具备了可以逃跑的条件，它也认为自己是逃不掉的，也就放弃了逃跑。

人也一样。当一个孩子在学习上经历了几次失败后，如果没有大人的鼓励，或许还被大人指责，孩子看不清自己为什么学不懂，可能会陷于消极的自我认知，觉得自己就是差生，从而对学习失去了信心。

当孩子相信他对自己的学习状态是无法控制的时候，那么他就形成了习得性无助。

习得性无助的个体经历了某种学习后，在情感、认知和行为上会表现出消极的心理状态。因此，会形成自我无能的认知，最终导致他们在学习中会努力去避免失败。当一个孩子努力去避免失败的时候，他们学习的动机就变成了保住面子而不是掌握知识，不会就不做，结局会使得孩子从逃避进而走向放弃。

习得性无助的破坏力一旦形成，就很难逆转。为预防孩子陷入习得性无助的困境，父母需积极介入，调整孩子的学习现状，确保他们深入掌握知识，真正学有所成。唯有如此，孩子才不会感到自己对学习无能为力。

培养孩子特长，特长能够提升自信

有些学科成绩不是很好的孩子，却有着别的特长，此时，发展孩子的特长也是完成学习的一种方式，也能实现塑造孩子思想，提升孩子能力，促进孩子人格健康发展的目标。

在学习特长的过程中，孩子因为增强了自信，因为有了“只要付出努力就有收获”这样的感悟，在学科学习的过程中，也能够做到一点点地学，并逐步学好。

发现孩子的逆袭点

如果孩子因为贪玩或者没有开悟而成绩不好，某一天，他获取了好成绩，这时，父母千万不要认为是瞎猫碰上死耗子，甚至怀疑孩子提前知道了题目或者怀疑孩子“抄袭”了，而要相信孩子的学习劲头上来了，借此机会发自内心地开心，并给予孩子肯定的评价。这样会让孩子觉得很自豪。自豪的感觉能增强孩子的积极性，并让孩子愿意为此而努力。

❤ 记录成功事件

研究显示，成功行为的反馈可以提高个体的自尊水平。

即使孩子学习比较差，也总会有好的表现。当孩子有了好的表现的时候，父母不但自己高兴，还会把这种喜悦反馈给孩子，孩子也会因此而开心，觉得自己了不起、很行，从而提升自信。

钝感力妈妈对待孩子很有耐心，她们喜欢给孩子建立一个辉煌成绩记事簿，和孩子一起把他的进步、好的表现记录下来，闲暇的时候一起看看，使孩子重拾曾经的满足感，能起到激励孩子努力学习的作用。

❤ 和优等生一起学习

有的妈妈喜欢让孩子跟优等生一起玩儿，以便于从榜样身上学到优秀的经验。的确，学习者通过观察示范者的行为而获得的间接经验对自我效能感的形成具有很重要的作用。

当跟努力学习的孩子交朋友、一起学习的时候，孩子就会受到他们良好的学习经验的影响，向对方看齐，以实现“他能做到，我也能做到”的比较效果。

只有在追求极致的时候，
才能发现自己的不足。

积极归因：没有笨孩子

钝感力妈妈情绪稳定，即使自己的孩子在学习上出现了差得离谱的表现，她们也不会发狂，更不会认为自己的孩子笨。

“今天考的这个分数，很令人难过啊。”

孩子可能会说：“题目太难了，比复习的难多了，很多我都不会做。而且，我还感冒了，好几天没上课，没复习好。”

妈妈点点头。

孩子说：“我好笨啊，总是学不好。”

这个时候，妈妈会说：“当成绩不好，或者学不会的时候，很多人会觉得自己不够聪明，或者笨。”

孩子说：“难道不是吗？”

妈妈说：“当然不是。我觉得只要努力，成绩就不会差。那么，试试吧，妈妈带你努力。”

这就是钝感力妈妈了不起的地方，面对孩子不争气的表现，她们总能够领着孩子朝着光明的未来展翅高飞，引导其深入思考问题，然后进行科学归因。科学归因有利于帮助孩子看清决定结果的真正原因，从而激发孩子的学习动力。

学习是孩子成长的必经之路，孩子长成什么样，在于学到了什么，孩子学到了什么又是一个怎么学习的问题。妈妈引导孩子对学习效果进行科学归因，有利于孩子以积极的态度面对学习。

孩子归因的过程是一个思考和认知的过程。他们探寻决定学习效果的因素是什么，并会在内心深处进行解释、判断和辩解。有心理学家就研究了这种解释、判断和辩解是如何影响他们的学习动机的，人们把这个理论叫作动机的归因理论。

美国心理学家韦纳对归因理论的研究表明，当孩子为自己学习的成功或者失败寻找原因的时候，能力、努力、任务难度和运气是四种主要原因。韦纳认为，个人将成功归因于能力和努力等内部可控因素时，他会感到骄傲、满意、信心十足，而将成功归因于任务容易和运气好等不可控的外部原因时，产生的满意感则较少。相反，如果一个人将失败归因于缺少能力或努力，则会产生羞愧和内疚感，而将失败归因于任务太重或运气不好时，产生的羞愧感则较少。而归因于努力相对于归因于能力，无论成功或者失败都会产生更强烈的情绪体验，对孩子学习的激发作用很强。由此看来，孩子对自己在学习上的结果的归因会因为影响他们的学习动机进而影响学习成绩和学习状态。

在孩子学习的过程中，无论是学习行为方法、学习社会交往经验、学习科学文化知识，还是学习社会道德，都需要努力，才能获取好成绩。

如果想成功帮助孩子，家长不妨从以下几方面来做。

不要说孩子聪明或者笨

很多家长对于孩子学习某项才艺慢、学习某项能力费劲、学习成绩差的原因并没有做过研究和考察，不自觉地就用孩子“聪明”或者“笨”这样的词语来给孩子贴上标签。这么做更加不科学。

心理学家普罗克特和托尔曼曾研究过学生智力因素与学习的关系，他们发现，这种相关只是中等程度的相关，而且相关系数的大小还随不同的智力量表、学科和学生所在年级而有所不同。智商与学业成绩的相关还表现出随年级的升高相关系数逐步降低的趋势。

夸夸孩子的努力

学习的动力来自哪里？一部分是天生的学习的需要，另一部分是内在的自我激励和外部的鼓励。好成绩和学习过程中体验到的快乐、成功的满足感，是孩子内部动力的源泉。父母赞赏的目光、开心的笑容等外部动力对孩子也有激励作用。

在日常生活中，即使你的孩子在你并不知情的情况下，给你炒了一盘色香味俱佳的西红柿炒鸡蛋，也不要夸孩子是天生的星级大厨，而是要表扬孩子为了给妈妈呈现一盘有营养的菜肴，私下里一定努力练习了，才能这么成功。

孩子成绩不错，很擅长学习，妈妈就夸夸孩子学习努力，善于钻研学习方法。

妈妈除了管住自己的嘴，不对孩子做聪明或者笨的评价，还要纠正孩子的认知错误。当孩子说自己笨的时候，父母听到了，一定要及时纠正，纠正的方法可以是给孩子讲几件孩子在学习上成功的事件，让孩子感受到自己那几次成绩好，确实是因为努力了。

孩子会有自己敬佩和熟悉的伟大人物，讲一讲伟大人物努力学习获取成功的经历，孩子就能感受到学习真的是一分耕耘一分收获。

当然，当孩子成绩不理想的时候，父母既不要说丧气话，也不要谴责孩子平时不努力，更不要打击孩子，妈妈接纳孩子的情绪，同情孩子的处境，有利于孩子恢复心情。等孩子情绪平复后，妈妈说："想想我们该怎么努力吧。"如果能一起制订一个努力计划，然后落到实处，就能看到努力的结果了，这样更利于孩子对于努力的信服。

妈妈把孩子一时的不成功归结于孩子的努力不到位，有利于提升孩子的学习动力，增强孩子的学习主动性，而不会使孩子在灰心丧气的情绪中无法自拔，更不会导致孩子自暴自弃。

不接受孩子任务上的依赖

钝感力妈妈觉得孩子越早完成自己该做的事情，就越有能力，就越独立，面对挫折的时候，就更能够勇于面对。

这是一个普通家庭，乒乒是家里的独生子，正在读小学四年级。

乒乒放学回到家，扔下书包，就对妈妈说："妈妈，快给奶奶打电话，让奶奶把我的校服送过来！"

妈妈一边说"你怎么没顺路带回来啊！"一边拿起电话，打给奶奶，却没人接。

乒乒说："我到家才想起来。"

然后，妈妈打开冰箱，取出了香肠、面包、酸奶放到茶几上，乒乒开始吃。

妈妈对儿子说："你先回房间学习，待会儿我就给奶奶打电话！"孩子没再吭声，拎着书包进了自己的房间。

大概过了十几分钟，孩子走出房间，叮嘱妈妈一定要给奶奶打电话！

妈妈打给奶奶，还是没人接。

妈妈说："要不你自己去一趟，顺便把妈妈包的饺子给奶奶送过去。"

奶奶家住在同小区的另一栋楼里，走路几分钟就到了。

乒乒说："我不去，上下楼太累了。"

妈妈给爸爸打电话，让他下班回家时去奶奶那里帮乒乒捎过来。爸爸答应了。

这回，儿子放心了，再次回到了自己的房间。

此时，在这栋楼里的另外一个家庭，一名三年级的男孩儿，正在做饭。

男孩儿的父母很忙，常常加班到很晚才回家。男孩儿放学后，是被邻居顺路接回家的。

男孩儿饿了。他给妈妈发信息，问:“晚上吃什么？”

妈妈说:“我给你点外卖吧。”

男孩儿走进厨房，打开冰箱，看到里面有馒头，有米饭。于是，男孩儿给妈妈回信息:“不用点外卖，我把家里的剩饭热热就可以了。”

男孩儿把馒头放到微波炉里热上了。中午的剩米饭不多，他放进电饭煲里，加上水，熬粥。接着男孩儿从冰箱里拿出一根火腿肠，切了一盘。大概是太饿了，一边切，一边往嘴里放了两片。随后，男孩儿拿出三个鸡蛋，两个西红柿，他一边洗一边想:“先准备好了，等爸爸妈妈回来，妈妈炒个西红柿鸡蛋。妈妈不让我用火，就等他们回来再炒吧。”

从两个同龄孩子在两个不同生活场景中的表现可以看出，两个男孩儿，一个依赖，一个独立；一个依赖父母，一个自主。

孩子的成长是一个逐步放下对父母的依赖，不断走向独立，承担责任的过程。如果孩子不能放下对父母的依赖，那么，就不会长大，很可能会成为一个懒惰的人。

但凡懒惰的人都有一种依赖心理。看看“懒”字的结构，足见我们中华文化对人的心理有很深的了解。当一个人有了可以依赖的人，比如，有人给做饭，有人给洗衣服，有人给找工作，有人给钱花，有人给买房……那么，他就不会自己去做了，就会变得懒惰。身体上的懒惰必然导致思想上的停滞不前。长此以往，不仅生活能力下降，思想认识也会出现大滑坡！所以，对孩子来讲，依赖会耽误一个人的独立和发展。

当一个人有了依赖心理，就容易懒惰，而一个懒惰的人因为没有做事的经历、不愿意做事，就容易精神松懈而且不能够独立。一个不能够独立的人，除了难担社会责任，还容易被他人左右，难以实现个人价值。

“父母之爱子，则为之计深远。”不管父母多么愿意为孩子服务，都要考虑到这份付出需要适可而止，否则将会阻碍孩子的能力发展。

作为父母，我们不妨从以下几方面来改变孩子对自己的依赖，以助力孩子的成长。

拒绝孩子任务上的依赖

孩子一天天长大，知道了自己是父母最爱的人，还处于把父母的爱内化的阶段，在情感上还很依赖父母，比如，晚上睡觉要和妈妈睡一起，出门还喜欢跟妈妈一起，接受孩子情感上的依赖会让宝宝的内心更丰盈。

但是，父母一定不要包办孩子的事情，什么都替孩子做了，容易造成“任务上的依赖”，当面对自己的任务的时候，孩子不能够积极主动地去做，而是依赖父母。这种任务上的依赖会导致孩子该发展的能力没有发展，不能从成功做事的过程中获得成就感，自信心不强，自主能力差。

接受孩子关系上的依赖

我们教导孩子的目的就是把孩子推向社会，到各种关系中建立自己的关系网。所以，人类是依赖关系生存的。亲子关系是人类发展史上最为亲密的关系之一，这份来自血缘关系上的联结，是人的情感财富，是不可拒绝的。

“独在异乡为异客，每逢佳节倍思亲。”“生活中若没有朋友，就像生活中没有阳光一样。”“三个臭皮匠，赛过诸葛亮。”人的一生只有与正能量、心理健康的人有所联结，人生的列车才能持续不断地前进。

所以，当孩子对妈妈有关系上的依赖的时候，妈妈不可以拒绝。关系上的依赖是指人需要与人联结。

父母以爱的情怀对待孩子，孩子也会以感恩的心态对待父母、亲人、朋友，以及越来越多的人。

在生活上，让孩子去历练

一个人是依赖还是独立，全在于父母小时候的培养。

如果在孩子小的时候，父母常常对孩子说："去去去，小毛孩子能干什么！别给我帮倒忙，不用你插手！"到了三、四年级对孩子还是这样的态度："只要你好好学习，要什么都给你，家里什么事情都不用你做。"那么，孩子一定无法成事。

父母爱孩子爱到剥夺了孩子发展能力的机会，孩子除了依赖别无他途。在家里，孩子依赖父母，虽然啃老的名声不好听，但是，总不会带来灾祸。但是，如果去依赖社会上的某个人，则可能会导致悲惨的结局。

所以，在孩子的双手、双脚被解放之后，如果父母爱他们，那就让他们去做力所能及的事情。孩子想做的事情，只要没有危险，就不要阻止他们，让他们自己去体验。因为体验的过程也是成长的过程。

天赋之手若不举起勤奋的利斧，
也劈不开成功的道路。

冷静，不急躁

钝感力妈妈遇事冷静，不急躁，即使遇到天大的事情，她们也能保持一种放松的状态。所以，她们遇到事情更能寻求到更好的解决方法。

小燕要吃巧克力蛋糕，恰巧家里没有了。

妈妈说："稍等几分钟，妈妈给你做饭吃。做你喜欢吃的西红柿炒鸡蛋和焖米饭。"

小燕说："我已经忍不住了，再不吃东西，就会饿死的。"

妈妈看看时间，都下午一点多了，孩子是饿了，自己也饿了。于是，妈妈就用手机下单，买了蛋糕。

天突然下起了大暴雨。

蛋糕房打来电话说："没有快递员接单，得等雨停以后再送过来。"

小燕一直在喊饿。

妈妈不得不放下手里的活儿，去给小燕做饭。

这时，同事打来电话，和妈妈商量一个问题。

妈妈顺手给了小燕一块糖，说："不要着急，等妈妈聊完这个选题，就给你做饭啊。"

小燕噘着嘴，吃糖。

妈妈终于聊完了，一边夸奖小燕听话，一边亲亲小燕，然后走进了厨房。

这时，门铃响了，快递员把蛋糕送了过来。

小燕高兴得又蹦又跳。

妈妈说："吃吧。你今天表现很好，等了这么久，那么饿，也没哭闹。"

从心理学上说，急性子的人一般内心非常焦虑，脾气太急躁，容易被自己的情绪所左右，稍不如意就觉得无法忍受，不能够冷静地思考解决问题的方法，更不能承受挫折，以至于工作和生活都会受到影响。

一个性情急躁的人，不能进行周密的计划和准备，喜欢从自己的兴致出发，不善于体察事物在发展过程中的变化和规律。一旦遇到矛盾和问题，不能耐心地进行科学的分析论证，很容易鲁莽冲动，使得事情变得更加糟糕。

一个性格急躁的人，容易好高骛远、急于求成，做事情缺少扎实的努力。急躁带有很大的盲目性，并不意味着快，更多的说明是一种不成熟的品质和特性，没有多少值得褒奖和肯定的理由。

俄国文学家屠格涅夫说：“最好在发言之前把舌头在嘴里转上几圈。”这是在告诫人们，遇事要冷静，不要急躁。

那么，父母如何做才能让孩子不急躁呢？

孩子慢，父母不催促

如果孩子性子急，家长要先检讨一下自己，孩子学做事的时候，自己是不是没有考虑到孩子的能力、气质，而是按照自己臆想的标准去要求孩子、催促孩子？孩子达不到标准，稍慢一点儿，就催促、斥责、打骂孩子呢？如果是这样，就会影响孩子形成积极、平和、自主的心态。

被催促的孩子为了达到父母的要求，不得不以非常快的方式去完成某件事情。假如不能很快地完成这件事情，他们内心会有很强烈的自责感和愧疚感。因为父母的要求不是孩子的内心所愿，虽然表面上不得不服从，内心却是充满了强烈的愤怒感。愤怒积攒多了，孩子便找到了发泄的方式——“拖拉”“磨蹭”。

所以，很多做事拖拉的孩子，往往有个急性子的父母。当孩子做事不成熟的时候，急性子家长不断地催促孩子，以至于孩子违背自己的意愿迎合父母，开始的时候会加快速度做事，后来就应付性地“磨洋工”了。

这样的孩子，即使在父母的监督下做事较快，因为不是出于自己的意愿，而是因为无奈，从心理上说，是被动地做给父母看的，即使很快做完，也没有成就感，感受不到做事的快乐，更会失去做事的兴趣。

卡耐基说：“对于孩子们来说，父母的注意和赞赏是最令他们高兴的。”如果你的孩子做事比较慢，注意力不集中，家长可以提示孩子，轻轻说一声：“你可以快一点儿的！”至于孩子会不会听，不要去管。即使孩子不听，也不要唠唠叨叨。

多运动，有利于内心平静

体育运动可以转移不愉快的意识、情绪和行为，使人从烦恼和痛苦中摆脱出来，尽快地把不良情绪宣泄掉。

荡秋千、放风筝、钓鱼、散步、慢跑、游泳、踢毽子等可以赶走焦虑。

足球、篮球、排球等运动可以缓解紧张情绪。

快跑、打乒乓球、拳击、阳光下漫步、踩脚踏车等可以缓解抑郁。

器械运动、登山、快跑等可以平复怒气。

对于脾气暴躁、容易发怒的孩子，家长可以陪伴他做一些培养耐性的运动，比如下棋、打太极拳、慢跑、射击等。在做这些运动的过程中，孩子能够学会控制情绪。如果孩子养成了运动的习惯，坏脾气就不容易滋生了。

对自己说，等一等

生活在人口密集的城市，出行或者购物都离不开等待，在等待的时候不要着急，更不要去想还有多少事情等着自己做！大人的淡定从容会感染孩子，孩子也会觉得这份拥挤不是什么困难的事情。

堵车的时候，妈妈引导孩子看看沿途的风景，听听最喜欢的音乐，背诵一段故事，回忆一下那道比较难的数学题。时间会因为有事情而做，让人觉得过得很快，心情放平静了，自然不会着急了。

教育不是灌输，而是点燃火焰。

第七章

为了更好地生存

如何让孩子更好地生活在这个世界上？拥有这样的疑问并认真去寻找答案的妈妈一定是拥有钝感力的优秀母亲，她们的优秀在于已经培养了孩子的基本生存能力，还在追求做得更好。

至少坚持一项运动项目

钝感力妈妈懂得，只有健康的身体才能承载起伟大的钝感力。确实，身体健康是心理健康的基础。只有身心健康，才能快乐地生活在这个世界上。

运动作为人类行为的一种重要方式，与其他行为一样，对于孩子的人格塑造作用很大。一个热爱运动的孩子，在坚持运动的过程中要付出体力，承受因为运动而导致的人体疲劳、机能下降的痛苦，战胜由此引发的中枢神经系统抑制现象。

所以，坚持运动能提升孩子的意志品质，坚韧性、自我控制能力、抗挫折能力、包容能力、心理承受能力等都能得到提升。这些都是人格结构中的硬构件，是成就学习、事业的情商因素。

小学阶段是人格发展的关键期，在这个时期培养孩子运动的习惯，使其至少爱上一项运动，既有利于孩子身体健康，也有利于孩子形成良好的人格品质。

玲玲体质比较差，平时不爱运动。爸爸接受医生的建议带孩子多运动。刚开始，爸爸带女儿一起围着运动场跑步。第一天，他们跑了三圈。玲玲虽然累得气喘吁吁，但还是坚持了下来。第二天早晨，玲玲就打退堂鼓了，赖在被窝儿里，跟爸爸说：“爸爸，我腿酸、脚疼，不想跑了。”

爸爸说：“咱们约定好了，坚持跑步，可要按计划来啊。如果你真的很累，可以少跑点儿，累了，就休息，看爸爸跑。”玲玲想起自己制订计划时信誓旦旦的样子，还是很不情愿地起床了。跑步的时候，玲玲居然一点儿没有少跑。第三天，第四天，在爸爸的陪伴下，玲玲都坚持了下来。

逐渐地，玲玲感到了运动带来的身体上的舒适，不仅坚持跑步，还提出要学打篮球。爸爸开心地带女儿去试课，这么好的运动，爸爸坚决支持。

也许有很多父母担心运动会挤占孩子学习的时间，其实不然，当孩子真正喜欢上一项运动，并长期坚持下来，他在学习和生活中都会有很大的改变。运动是可以助力孩子成长的。

童年养成运动习惯受益一生。

据《英国医学杂志》报道，童年时运动少的人成年后容易患上慢性疲劳综合征。研究人员调查了 16567 名出生于 1970 年的人的健康情况，跟踪了他们从出生到 30 岁时的身体状况，比较后发现那些童年时不爱运动、喜欢久坐的人容易患慢性疲劳综合征。

运动促进孩子长高、长壮。

运动时对骺软骨不断地挤压和振动，能够有效激发软骨细胞的分裂和增殖；持续运动还能优化骨骼的血液循环系统，增加骨细胞的营养供应，进而推动骨骼的发育。

运动消耗的能量增多，加快了血液循环，为肌细胞输送了更多的营养物质，使肌肉新陈代谢机能旺盛，肌细胞体积增大，肌纤维变粗，肌肉就会逐渐变得丰满结实；此外，在运动中肌肉收缩，反复被拉扯，使肌肉和韧带的弹性增大，显著提升了肌肉的抗拉强度和整体力量。

运动促进智力发育。

一项研究表明：一般人从感受信号到做出反应的时间是 0.3 ~ 0.5 秒，而经常运动的人只有 0.12 ~ 0.15 秒。

这表明，体育锻炼能够增强视觉、听觉、身体感知能力以及神经传递速度和反应灵活性。

另外，运动还能加快神经纤维髓鞘化，这样可使神经传导速度更快。研究数据表明，喜欢体育运动的人的血液循环量，比一般人高出两倍，这样能够向大脑组织提供充足的氧气和营养物质，使大脑功能增强，思维敏捷；运动还会促使“大脑释放 β – 内啡肽等有益的生化物质”，这些物质对促进人的思维和智力大有益处。

运动可促进健康人格的发展。

运动能够促进非智力因素的发展。一个热爱运动、坚持运动的孩子，因为身体好，性格会更加开朗，精力会更加充沛，对自己、对周围的环境更加充满信心。长期坚持锻炼也会使他们的意志品质更加顽强。

运动能使人快乐。

运动可以使人快乐。人在运动的时候，大脑会分泌一种叫“内啡肽”的物质，也就是被科学家称作“快乐素”的物质，它能使人愉悦。人一快乐，做事就顺利了。

孩子在没有养成运动习惯的时候，他们可能想不到出去运动，这个时候，妈妈要推动一下，助力孩子开启运动之旅。

推动孩子去运动

周末，吃完早餐。妈妈收拾餐桌。

军军帮忙收拾餐具后，进了客厅，拿起 iPad ，开始玩游戏。

妈妈从厨房就看到儿子玩得很嗨，双手并用，但是没有说什么。

一会儿，妈妈进来了。

妈妈说：“儿子，学校组织了体操比赛，你们班入围了。妈妈听老师说，你是 C 位，跟几位同学一起领操。距离决赛，没几天了，你要抓紧时间练练。”

儿子说：“好吧。”

看着儿子认真做操的样子，妈妈觉得，得给他报个体育运动班，多运动，就会爱上运动。爱运动，才会身体好。

于是，妈妈又给军军报了篮球班。

儿童需要运动，运动对孩子的好处可以说，非常非常多。

孩子可供选择的运动项目很多，比如，跳绳、游泳、篮球、足球、排球、跑步等。

❤ 运动项目要和孩子年龄相匹配

运动作为一项行为活动，要想达到促进身体发展的良好效果，就要尊重孩子的身心发展规律。运动会出意外，对身体存在着不同程度的伤害。只有适合孩子的年龄特点，才能最大限度地减少运动伤害。跑步、跳绳、足球等项目适合各年龄段的男孩儿和女孩儿，而拉丁舞、跆拳道、篮球、羽毛球、轮滑等，则不适合学前或小学低年级的孩子。

❤ 寻找一个运动伙伴

不管是骑车，还是打球，都需要一个伙伴，才能玩出乐趣。小时候，玩伴可以是父亲和母亲。长大了，从小学高年级开始，孩子更加渴望和同龄人交往，这个时候，给孩子找一个或者一些运动伙伴，大家一起运动，会更有乐趣，孩子也更喜欢。

❤ 带孩子参加专业化训练

国家实施“双减”政策，提升音体美在考试中的权重，催生了很多的运动场馆和培训班。父母带孩子参加专业化的运动培训，不但利于孩子掌握专业的运动技能，还利于孩子爱上这项运动，大幅提升孩子的运动能力。

出于喜欢，皆是享受。

真正的富养是培养孩子高贵的心灵

面对孩子，钝感力妈妈拥有原谅一切的情感，具有无私奉献的精神，还有为了孩子心甘情愿付出一切的情怀，这样的人拥有高贵的心灵。

云云聪明可爱，是家里的掌上明珠。爷爷、奶奶更是每天恨不得将其捧在手心里。

每天从幼儿园回来，奶奶就忙不迭地跑上去，把云云喜欢吃的东西往她手里塞。家里吃的东西很多，奶糖、火腿、爆米花、山楂片、坚果、面包……超市里有的，只要云云喜欢吃，奶奶都会买回来。

云云挑挑拣拣，只吃自己喜欢的。

上学了，奶奶就开始买各种学习用具：各种图案、颜色的笔、本子，都一沓一沓地买。

即使家里有很多，只要云云看到同学有新的花样，就要求奶奶买。奶奶二话不说，就去超市买。

奶奶说："只要你用心读书，喜欢啥，奶奶就给你买啥。"

这下好了，不管什么文具，只要不喜欢的样式，不管好用不好用，就从文具盒里拿出来。

妈妈看不惯，给她立规矩："铅笔用到攥不住，才可以丢掉。任何文具，只要家里有 5 个以上，就不能采购新的。"

做功课的时候，往往时间不长，云云就喊累，爷爷、奶奶赶紧走过去说："歇会儿宝宝，吃点儿东西放松放松！"二人忙着给孙女倒水、拿饮料、拿水果。

面对爷爷、奶奶的殷勤，云云也毫不含糊，一会儿让他们削铅笔，一会儿让他们包书皮，一会儿让他们整理书包。

每当作业中遇到困难或考试不好的时候，云云要么发脾气，要么就哭。

在家里，云云从来都没有干过活儿，在学校，做值日成了大问题，不是跑厕所躲着去，就是说肚子疼，要么就偷摸跑出去玩儿。

老师家访，反映了云云的情况，并提出了一些教养建议。

爷爷、奶奶才意识到，自己这么娇惯孩子，将来云云很难适应社会。

现在很多孩子，都是家里恐龙级别的宝贝，家人千方百计给孩子提供优越的生活。

所谓精神富养就是把孩子领向一条能够体悟并获取更高人生追求的路上，关注孩子的精神需要，满足并推动孩子拥有更高的精神追求，做一个人格健全而独立的人，拥有优秀品质，不怕吃苦，有追求，有爱，有主见，不断进取，追求更高的人生境界，成就更好的自己。

高贵的心灵是富养出来的。这个富养不仅仅是丰富的物质条件，还在于培养孩子自信、快乐的性格，拥有仁爱的品德，以及积极进取的人生态度。

如何培养孩子高贵的心灵呢?

培养孩子自信、快乐的性格

教育家苏霍姆林斯基说：“家庭不仅是舒适的住宿，是工作之余休息的地方，也是丰富多彩的精神生活场所。”

美国加州伯克利大学发展心理学教授戴安娜·鲍姆林德通过观察父母与学前儿童的互动，收集了有关儿童教养行为的信息，她把自己的研究结果以及其他的研究信息综合后得出了四种教养方式。在教养方式中，首推权威型教养方式，这是一种民主型的教养方式，包括：高度的接纳和参与，适度的控制方法，给予孩子适宜的自主权。

权威型父母的教养方式是温暖的、无微不至的，他们对孩子的需要非常敏感，且反应快。亲子之间关系亲密，在一起的时候很快乐。权威型父母对孩子进行坚定、合理的控制，会对自己的期望做出解释，他们会坚持让孩子做出与年龄相吻合的成熟行为，一直坚持并实施对孩子的成熟行为的要求。

在权威型教养方式家庭中长大的孩子，因为享受到了充分的、适度的自由，获取了更多成长的满足感，而较少去承担因为不良行为习惯带来的负面结果，自尊心发展得很好。所以，他们自信而快乐。

拥有仁爱的品德

爱是塑造良好品格的核心。

我国的大教育家孔子认为，仁是最高的美德，也是一切美德的总和。孔子重视德育，在孔子的四教中，文、行、忠、信，都与德育紧密相关，都是成“仁”的目标和方法。

细细展开来看，“文”指的是后天的文化学习，文化教养；“行”指的是人所有可视可感的外在行为活动及其表征，是内在仁德的外化；“忠”指的是口心一贯，即言出于心、表里一致；“信”指的是尊奉贤者仁人的做法，以义为则。

孔子的德育方法也是当下孩子要走的德育之路，孩子通过学习学得文化知识，拥有文化素养，从而成为一个拥有高尚情操的仁者，这就是德育的目标和方向。

这样的德育目标不仅仅是孔子这样的老师的教育方向，也是妈妈的期待。孔子强调“为仁由己”“克己复礼”，只有人的内心建立起自觉和自律，其外在的行为才有可能展现真正的仁德。这份自觉和自律不是生来就有的，也不是靠着父母说教出来的，而是孩子在正确的教养下，自主地把外在世界的规则内化成自身行为的一部分，觉得自己就该这么做。

努力进取的人生态度

现实生活中，很多孩子没有很好地发展自己的才能，不是因为孩子天赋不好，智力不足，而是他们的非智力因素不够，比如，缺乏坚持性，不够勤奋，不能抵抗挫折，自我控制力弱，不能吃苦等。这些非智力因素范畴的内容，对于孩子的发展影响很大。全世界公认的聪明人爱因斯坦都说，成功是靠艰苦的劳动加上正确的方法，还有少说空话。

我们都非常喜欢“童话大王”郑渊洁，他小学没有毕业，四则运算都不会做，在父亲的支持下，坚持写自己喜欢的童话。他能够坚持做自己喜欢做的事情，得益于父母对他的尊重和支持；他能够把这件事情做好，得益于他自己的努力。

在 1985 年，郑渊洁办了《童话大王》，一个人写，一个人编校，他竭尽全力，使得《童话大王》发行量逐渐攀升。到第三年，《童话大王》月刊印数就突破了 100 万册。今天，《童话大王》总印数已经超过 2 亿册，郑渊洁则是一人写一本杂志的世界纪录保持者。

所以，不管孩子将来做什么，选择哪个领域，从小培养孩子刻苦、努力的品质很重要。

做家务引发正能量

钝感力妈妈对孩子拥有无私的爱，这份爱来自她们能够很好地照顾孩子的生活。所以，当做了妈妈以后，她们也会培养孩子做家务的能力。

现实生活中，一些孩子往往缺乏做家务的自理能力。我们不妨来看下面这个真实的故事。

婷婷考上大学后，全家欢天喜地！名牌大学，邻居羡慕得都要流口水了！爸爸妈妈“千里护驾”——送她到学校报到注册。

一到宿舍，妈妈就开始手脚勤快地帮女儿打理起一切，铺床、叠被、挂蚊帐、擦桌子、抹凳子、打开水。而婷婷躲得远远的，只顾打量这个陌生的环境。爸爸妈妈走时，千叮咛万嘱咐，奶粉怎么冲，卫生纸买什么牌子的，衣服送到正规干洗店去洗，钱用完了给父母打电话……生怕女儿在学校受委屈。

入学没有一个月，婷婷的窘态就显现出来了。她从来不主动打扫卫生，刚开始出于礼貌，室友没有说什么，慢慢地，大家心里就不平衡了。

为了不看大家的脸色，婷婷只得干活。偶尔拖拖地，弄得地面湿湿的；擦擦玻璃，玻璃上一道道的花；她扫完的地，别人再扫，还能扫出很多脏东西。

不仅如此，由于平时在家没有叠过被子，她怎么努力被子都弄不整齐。以至于，每次卫生评比，婷婷的宿舍都是最低分。

室友不高兴，婷婷心里也别扭。她觉得自己又不是故意的，用得着这么大惊小怪吗？她觉得这些人很无礼，和大家的关系搞得很僵。

有一部分孩子不会做家务，问题出在大人没有给他们机会。

做家务是孩子最早、最基础的劳动形式。即使人类社会机械化的速度在飞速前进，肢体劳动也不会被完全取代，一些技能甚至会变得越来越宝贵。除此之外，劳动还可以培养孩子服务他人、奉献社会的情怀，开发孩子的智力，促进学习。

家务是做人做事的基础。哈佛大学的一些社会学家、行为学家和儿童教育专家，曾对波士顿地区456名少儿进行了长达20年的跟踪研究，结果显示喜欢做家务的孩子与不喜欢做家务的孩子相比，成年后的失业率为1∶15，犯罪率之比竟达1∶10，平均收入要高出20%，离婚率、心理疾病患病率也较低。专家解析，自幼引导孩子参与家务，能培育其勤勉坚韧、珍视劳动所得、重视家庭温情、尊重他人的美德。待其长大，相较于“好逸恶劳”的同龄人，这些孩子往往更有所成。看来，做家务这件事激发了孩子的正能量。

即使是很小的孩子，参与到吃、喝、拉、撒、睡等生活活动中去，哪怕是帮助父母摆筷子、搬小椅子、取工具之类的小事，也能促进孩子身心发展。在这个过程中，能促使孩子全身的骨骼、肌肉、筋腱系统得到较快发展，促进眼、手、足动作的协调一致，促进大、小脑的发育，促进情绪和智力的发展。

孩子笨手笨脚，只需多做事，在做事的过程中锻炼身体的协调能力，掌握做事的技巧，熟练了，做事顺利了，手就巧了。

在培养孩子做家务上，我们不妨这样来引导。

❤ 让孩子认识到，每件事都不是那么容易做好

想要孩子做好某件事，或者提高孩子某方面的能力，家长就要放手让孩子去做，越做孩子的积极性就越高，越想做好。

吃完饭，妈妈便靠在了沙发上。明明知道妈妈最近因为评职称的事情，心情不好。于是悄悄来到厨房，他想把碗筷收拾干净。这样，妈妈就会省劲了。

明明是第一次刷碗。他学着妈妈的样子左手拿碗，右手拿起刷碗布蘸了

点儿洗涤剂，就沿着一只碗蹭外沿，蹭着蹭着，他的左手手腕就酸了，想着快一点儿，右手就加大了力气，不承想，手上一滑，碗就掉在了水池边上，他伸胳膊去取，袖子碰到了水池边的其他碗，哗啦啦，连带着几只碗一起滑落到了地板上。

“你看你这孩子，干什么都不行！刷个碗弄得噼里啪啦！你着什么急？”爸爸听到声响，进了厨房，看到一地的碎碗片，更来气了，“哎哟哟，怎么刷个碗就刷成了这样呀？赶紧回屋去！别在厨房碍事！”

被爸爸一说，明明感到很委屈，自己好心帮忙，还不领情，再说，自己也不愿意摔碎呀！

妈妈把爸爸推进客厅，帮助儿子捡起碎了的碗，然后告诉明明：“洗碗的时候，拿稳！不要着急，从里到外，慢慢擦！洗的时候最好在水池里，把碗拿出水池，不但容易摔碎，还会溅得到处都是洗涤剂的泡沫！用洗涤剂洗完一遍之后，一定要用清水冲一遍，以免残留洗涤剂。”

妈妈一边说，一边给明明示范。明明心想，想不到洗碗还有这么多学问呢？看来，不用心做还真是做不好！他很诚恳地对妈妈说：“妈妈，我记住了！”

妈妈说：“做事情不要急，慢慢来，多做几次就能做好！”

孩子只有在不停做事的过程中，才能明白即使最简单的事情也不容易做好，需要反复练习。为了让孩子做得更完美，家长最好在孩子做事之前，教给他们做事的方法，以预防因经验不足造成的损失。比如，洗碗的时候，碗与碗相碰，容易磕破或者滑掉摔碎；扫地的时候可能扫不干净，留下死角；烧水的时候可能烫了手。这样，孩子就不容易产生“轻敌”的思想。

❤ 全方位锻炼孩子多动手

生活中处处都是锻炼开发孩子动手能力的好机会。在孩子成长的过程中，能够做的事情也越来越多。家长最好先让孩子从完成自己的衣食住行开始，再过渡到帮助爸爸妈妈做一些力所能及的家务。在具体操作上，可以先教会孩子绑鞋带、叠衣服、用筷子吃饭等必要的生活技能，再根据孩子协调能力、平衡能力的实际发展，让他们适度进行简单的家务锻炼，如帮妈妈择豆角、给金鱼缸换水等。孩子都乐于通过参与完成大人的工作来验证自身成长，只要安排得当，相信还能在锻炼孩子动手能力的同时，培养其自理能力和独立意识。

一举一动，都是承诺，会被另一个人看在眼里，记在心上的。

不断地推动孩子走向独立

钝感力妈妈能够包容孩子的一切，却有界限，因为孩子必须为自己的生活做主，但是孩子生来就具有依赖性。所以，钝感力妈妈总是不断地推动孩子走向独立。

有的孩子哪怕做一点儿事情，都要不停地问："妈妈，这个怎么办？"

早晨起床，伸着两只洁白的脚丫，躺在床上喊："妈妈，这双袜子太难穿，您来帮我穿上吧。"出门前，站在门口问："妈妈，我那双红色的篮球鞋在哪里啊？我找不到，您帮我找找，不然来不及了。"

要出门骑行，头盔戴不上，对爸爸说："爸爸，您帮我一下吧。"

泡脚结束，对奶奶说："奶奶，您帮我把袜子洗了吧，我洗不干净。"

每个孩子都有这样寻求帮助的时候，但是，独立的孩子一定寻求帮助的次数越来越少，自己的事情独立完成，并且越来越多地主动承担家里事情的过程。

妈妈一定要告诉孩子，妈妈有妈妈的事情要做。小的时候，妈妈照顾你；长大了，你的本领越来越大，能做的事情也越来越多，自己的事情要自己做。这样，你才能够长大，才能走向独立。

所谓独立性，是指孩子在一定年龄阶段表现出的一种追求独立人格、独立志向、独立活动的个性心理特征。独立性是孩子成长过程中所需要的最珍贵的品格。孩子是否具有独立性决定着孩子社会化的水平。

孩子不具有一定年龄该有的独立水平，就无法形成该阶段应该具备的品格，比如，责任感、自制力、自信心。即使一把年纪，孩子不独立，就不能算真正长大。父母老了，孩子却没长大，这会是一个家庭的悲哀。

养育孩子，必须培养孩子走向独立。如果妈妈能够发挥钝感力，孩子独立的过程就是一件自然而然的事情。我们不妨从以下几方面来引导孩子走向独立。

监督孩子的社会化进程

监督孩子的社会化进程是每位家长和教育者的重要职责。这一过程涉及孩子从家庭走向社会，逐步学会与他人交往、合作、理解并尊重不同观点和价值观。为了有效地监督这一过程，我们需要密切关注孩子在不同年龄段的行为变化和心理发展。

基于孩子的能力，试试“首问负责制”

教育家陈鹤琴先生说得好：“凡是儿童自己能做的，应该让他自己做。”

孩子眼睛灵，想法多，如果让他们“看见了，能做就着手去完成”，很能提升他们的动手能力。效仿某些机关的做法，采取“首问负责制”，那么，孩子就不会是“支嘴的人”“向他人求助的人”“等着别人去做的人”，而是自己动手、动脑解决问题的人。

举个例子，一天，家里停水了，孩子最先发现了，问妈妈：“停水了，怎么办？”妈妈提醒：“首问负责制！”孩子稍一思考后说：“我去邻居家问问。”儿子确认有两家没水后，就准备给自来水公司打电话。可是，不知道电话号码，于是就打 114 查询，查完之后，就向自来水公司报修了。

“首问负责制”非常适合父母来引导依赖性比较强的孩子，孩子动手做的过程，就是感受独立的过程，当孩子不停地体验到独立感，他们就不愿意依赖了，而是独立思考、主动解决问题。

父母尝试“依赖”孩子

父母会过度保护孩子，就是觉得孩子办事能力不行。对于一、二年级的孩子来讲，其实，已经具备了相当程度的做事能力。比如，为父母煮一碗面条；给家里来一次简单的清洁；对周围的环境做出判断；为父母出谋划策；把家里的拖布洗干净，然后拖地；洗洗水果或者蔬菜等。父母说一句："儿子，把什么什么做了，妈妈有点儿不舒服。"孩子就去做了。

父母"依赖"孩子，其实是在以一种示弱的方式向孩子说明"他是强大的"。孩子从父母期待帮助的眼神里获得了被重视的感觉，就会有一种替父母做事的动力。

举个例子，程程的妈妈感冒了，不想做饭，她对儿子说："儿子，你什么时候长大，能给妈妈弄点儿饭吃啊？妈妈又饿又不舒服，还要给你做饭。"谁知，儿子连想都没想，就说："妈妈，叫外卖吧，不要做饭了。"看着妈妈满脸惊讶的样子，儿子很麻利地点了一个妈妈平时最喜欢吃的土豆丝，接着还点了自己喜欢吃的菜和饭。点完餐后，儿子很得意地对妈妈说："妈妈你看，我现在都能照顾你了。"妈妈忙不迭地鼓励儿子："我儿子长大了！谢谢儿子！"吃完饭，儿子竟然主动收拾餐具，然后还帮妈妈揉太阳穴，说："妈妈，你招风了，我去给你煮姜糖水，出点儿汗，就好了！"孩子懂得照顾大人的一面，需要在大人变弱的时候才能表现出来。

❤ 独立学习不依赖

独立学习是一件非常体现孩子独立性的事情。上学以后，孩子在学习上需要妈妈的一些帮助和引导，妈妈最好秉持一种当孩子遇到实在解决不了的问题时，再来向妈妈求助的态度。这样督促孩子自己解决问题，一方面有利于孩子走向独立，另一方面有利于培养孩子的自信。

❤ 尽自己的责任

每年假期，妈妈都会把洗衣、做饭、收拾房间的任务交给强强，当然，强强还要完成家庭作业。妈妈说："我需要让孩子明白他需要为家庭尽一份责任。更何况，孩子也会因为做了这些事而开心。”

妈妈让孩子在家里尽责，就是让他明白自己是一个独立的人，独立的人需要承担责任，不等、不靠、不依赖。

除了在家里分配给孩子一些任务，妈妈还要鼓励孩子在学校里勤于担当。

在学校里，如果老师有委派，妈妈要鼓励孩子积极地去担当一些职责。比如，班级卫生监督员、午休小班长、早读负责人、扫帚小管家、活动小队长、课桌管理员等。这样的职责性职位对孩子的成长非常有好处。

睡眠良好是能人

钝感力妈妈从不让孩子熬夜玩儿或者学习，因为她们懂得睡眠良好，才能保持身体健康。只有身体健康，才能做想做的事情，实现个人价值。

当人体缺少睡眠的时候，大都会出现头晕、浑身乏力、精神不振等症状，这些症状正是身体不适在转为疾病之前传达的信息，只是自己没有在意才给了疾病可乘之机。

100多年前，俄罗斯有一个禁止小狗睡眠的实验。实验发现，在禁止睡眠的小狗中，有很多神经元受伤、损坏，因而导致死亡。人类和动物一样，完全不睡觉的话，是绝对会死亡的。

大脑这个“神秘的仪器”要良好运作，必须有充足的睡眠加持。

人体醒着的时候，大脑中神经细胞的神经元，能够处理进入大脑中的各种讯息，这就是人为什么受到外界刺激会出现各种各样的表情，为什么能够做各种运动，为什么能观察周围的事物。

人体进入睡眠状态的时候，大脑中的神经元会伸出所谓的神经纤维长突触，互相联系，制造出新的联络路径，使得脑内信息传递的路径增加。这也就是很多人经历一夜好睡眠之后，感到大脑更好用的原因。

人长时间不睡觉的话，会没有精神、犯困、打呵欠，这是大脑为保护神经元不受伤害而发出的信息。如果置之不理，依然不睡，神经元就不可避免地会受到伤害，影响大脑的创造性思维和处理事情的能力。

人体在睡眠中会分泌副肾皮质激素，如果夜晚不睡觉，特别是在黎明拂晓之前不睡，副肾皮质激素就不能正常分泌，人体就会因为缺少副肾皮质激素而感到头昏脑胀，精神无法集中。

人体的细胞分裂多在睡眠过程中进行，睡眠不足或睡眠紊乱，会影响细胞的正常分裂，由此有可能使人心情忧虑焦急，免疫力降低，使得由于癌细胞的突变而导致癌症的发生。

每到夜晚时分，人体的副交感神经处于优势，血流恢复的同时，体内老旧废物到处流动，为了清除自体细胞淋巴细胞异常增加。这个时间段，对于消除一整天累积下来的疲劳而言，乃是重要的时间。没有充足的睡眠，人体就没有办法除旧迎新。除了身体会感到疲劳，还会增加患感冒、胃肠疾病、肥胖、糖尿病、高血压、中风、心脑血管疾病、神经衰弱、抑郁症的概率。

长期熬夜会导致体内生长素分泌不足，使得孩子不能正常发育。长期熬夜，有近 80% 的学生发生了视力下降，部分学生除视物模糊外，还有眼睛肿胀、长黑眼圈的现象。

由此看来，睡眠对于任何人来讲都是一件重要的事情。睡眠是孩子的基本需要，只要条件充裕，孩子就能入睡。可是当下，孩子的睡眠状况并不是很理想。

中国少年先锋队全国工作委员会与中国青少年研究中心对 6 ~ 14 岁的城乡少年儿童进行的研究显示，46.9% 的中小学生没有达到国家规定的睡眠标准（9 小时），其中小学生和初中生每天睡眠不足 7 小时的占 8.2%，7 小时的占 12.6%，8 小时的占 26.1%。

一项流行病学的研究，针对 1014 位 13 ~ 16 岁的青少年所作的访谈结果表明，有 1/3 的青少年在生活上会有失眠的症状。女生失眠现象显著高于男生，在初三以前表现出随年级上升而增高的趋势，之后开始下降，进入大一后失眠现象最严重。

不理想的睡眠背后是妈妈对于孩子睡眠重要性的忽视。妈妈要注重培养孩子良好的睡眠习惯。不妨从以下几方面做起。

不管什么情况，都不让孩子熬夜

不管出于什么情况，都不能让孩子熬夜。对于上学的孩子来讲，即使有很多学习任务要完成，也不能侵占睡眠时间。

那怎么办呢？这就得提高做事的效率。在保证足够睡眠时间的基础上，合理利用时间。重要而且紧急的事情先做，重要但不紧急的事情次之，不重要但紧急的事情放在第三位，不重要而且不紧急的事情就排在最后。在这四类中，最为重要的一类事情是重要但不紧迫的事情，比如学习的事情。

这么安排，既保证了完成学习任务，也确保了孩子有玩耍的时间。

♥ 适当午休

据北京娱乐信报报道，一些学生不能合理安排午休时间，他们玩耍、聊天，或者刷视频，大脑没有得到充分休息，直接导致下午上课没有精神。

晚上睡觉很晚，如果中午午休一会儿，能够弥补夜间睡眠的不足。此外，午饭后休息半个小时，身体会自动改由副交感神经主导，能够促进身体免疫细胞的活跃，增强免疫力。所以，家长不妨给孩子创造条件，让他每天中午休息半个小时。